Auf dem Jakobsweg –
Ein Stück Weg für Entdecker

3 Jahre – 32 Etappen – 720 km

Eberhard Klein

Vorwort

Sicherlich jeder, der sich auf den Weg macht, hat seine eigenen Ziele und Gedanken oder er lässt sich einfach auf das Unbekannte ein. Einige bereiten sich im Detail vor und lesen unzählige Bücher und/oder Reiseführer, wobei wiederum andere sich einfach in ein Abenteuer begeben. Hierzu zählte auch ich.

Ich wollte einfach schauen, was mit mir passiert.
Dass der Weg durch so unterschiedliche Landschaften führen würde, hatte ich mir nicht erträumen lassen. Sie wechselten von Tälern über Hochebenen, durch unendlich scheinende Getreidefelder, bis gleicherweise nicht enden wollende Weinberge.

Teilweise glaubte ich am Anfang meiner Wegstrecke, das ganze Land verfüge über keinerlei größere Waldbestände, insbesondere im zweiten Teilstück zwischen Burgos und Astorga.

Die Wegstrecke führte meistens durch einsame Landschaften mit kleineren und größeren Orten, wobei in regelmäßigen Abständen von ca. 70 km auch mal eine größere Stadt wie z.B. Pamplona, Estella, Nájera, Logroño, Santo Domingo, Belorado, Burgos, Sahagun, León, Astorga, Ponferrada, Sarria, bis letztendlich zum Zielort, Santiago de Compostela, durchwandert werden musste.

Alles begann mit einer Fernsehsendung vor einigen Jahren, in der Comedian und Entertainer Hape Kerkeling in einem Interview über seinen Camino berichtete und sein Buch „Ich bin dann mal weg" vorstellte. Gegenstand seines Buches ist die Pilgerreise auf dem nordspanischen Jakobsweg. Fasziniert las ich Seite für Seite, und meine Begeisterung stieg, je mehr ich mich damit beschäftigte, so dass ich den Wunsch hatte, es ihm gleich zu tun. Die Frage, wann und wie, blieb jedoch erstmal offen. Mein Interesse wollte ich mit meinem Freund Lothar teilen und schenkte ihm daher mein Buch.

Nicht lange ließ er auf seine Reaktion warten. Seine Frage „Wann gehen wir?" konnte ich zunächst nicht einordnen, doch ohne langes Raten meinte er: „Wann gehen wir beide den Jakobsweg"?. Schnell waren wir uns einig, dass dies in den nächsten Jahren passieren sollte.

Das Thema nahm immer mehr Gestalt an, so dass plötzlich und unerwartet unsere beiden besseren Hälften das Abenteuer nicht verpassen wollten. Bei einem Glas Rotwein besiegelten wir unser Abenteuer und schworen, zu viert den Jakobsweg zu gehen. Gepackt von dem Wanderfieber, bereiteten wir uns auf unsere gemeinsame Reise vor. Es wurde Lektüren, wie Bücher und Pläne studiert, sogar Bahn-, Bus- und Flugverbindungen wurden gecheckt. So sollte es bereits im Jahr 2010 losgehen. Jedoch stellte sich heraus, dass dies das heilige compostelanische Jahr war. Dieser Pilgerweg war dann ein sehr beliebtes Ziel vieler Menschen. Somit wurde kurzerhand umdisponiert, und wir liefen zum Testeinstieg zunächst den Meraner Höhenweg.

Unsere Reise begann am 04.09.2010 in Südtirol/Naturns. Sie führte uns in sechs Wandertagen ca. 90 km durch die Südtiroler Alpenwelt. Leider stand dieser Weg bereits durch Vorverletzungen unserer Freunde Hanni und Lothar nicht unter einem glücklichen Stern. Wir waren jedoch fest entschlossen, die Trainingsphase durchzuhalten. Dennoch endete leider am dritten Tag aufgrund von Verletzungen unserer Freunde die Probetour. Die restliche Strecke bis Hochmuth - oberhalb vom Dorf Tirol - lief ich mit meiner Frau Tina alleine weiter.

Am Ziel angekommen, hätte ich keinen weiteren Wandertag mehr geschafft. Meine körperliche Kraft und mein Wille waren am Ende! Meine bessere Hälfte Tina erwies sich als robuster. Bedingt durch die Verletzungen von Hanne und Lothar war bald klar, dass unser gemeinsamer Weg nach Spanien nicht umzusetzen war. Dies hatte zur Folge, dass auch meine Tina (leider) als meine Wegbegleiterin ausfiel. Traurig über diese Tatsache, konnte ich vorerst keinen Zeitpunkt für den Start festlegen.
Klar für mich war jedoch von Anfang an: „Alleine gehe ich nicht!"

So verging die Zeit, bis mich eines Tages mein Physiotherapeut Paul nach dem Stand der Umsetzung fragte. Ich erzählte ihm kurzerhand die Situation und endete meine Ausführungen damit, dass aus beschriebenen Gründen dieser Weg somit nicht mehr in naher Zukunft von mir gegangen wird. Ich machte ihm klar, dass ein Alleingang auf dem Jakobsweg für mich nicht in Frage kommt. Spontan kam seine Antwort: „Ich kenne dich schon viele Jahre und weiß, dass du stets das tust, was Du dir vorgenommen hast." Ich: „Alleine gehe ich nicht." Spontan er: „Dann gehe ich mit!" Dies war dann der unumkehrbare Beginn eines gemeinsamen Weges mit meinem jungen Freund Paul.

Der Start

4. Mai 2012

❞ Pauls Vater fuhr uns nach Köln zum Hauptbahnhof. Von hier nahmen wir den ICE zum Frankfurter Flughafen.

Unser nächstes Ziel war Bilbao, Spanien.
Dort angekommen, machten wir uns auf zu unserem nächsten Ziel: Pamplona. Hier kamen wir schließlich in unserem Hotel an. Es folgte noch ein kurzer Stadtbummel in die Altstadt, mit einer kurzen Rast in einer Musik-Bar und einem Glas Wein.
Danach war Nachtruhe angesagt. ❝

Marktplatz von Pamplona

Abendstimmung am Marktplatz

FIRMAS Y SELLOS

FIRMAS Y SELLOS

Etappe 1

■ Pamplona ist die Hauptstadt von Navarra und gleichzeitig wirtschaftliches Zentrum der Region. Sie ist bekannt durch das jährliche Stierkampfspektakel Fiesta, welches seit dem 14. Jahrhundert begangen wird. Die Stiere werden in der Festwoche allmorgendlich durch die engen Straße der Altstadt von Pamplona getrieben, besser formuliert: die Stiere treiben die jungen Männer vor sich her.

Die etwa 850 Meter lange Wegstrecke endet in der Stierkampfarena von Pamplona. In dieser werden jeden Nachmittag die bekannten Stierkämpfe ausgetragen. Einer der großen Fans der Veranstaltung war übrigens Ernest Hemingway, der ab ca. 1920 regelmäßig bis zu seinem Ableben hierhin zurückkehrte. Er widmete diesem Fest sogar ein ausführliches Buch, mit dem Titel „The Sun also rises".

Bevor das heutige Tagesziel Puente la Reina angesteuert wird, ist ein weiteres „Besuchermuss" die Kirche von Eunate ermita, welche etwas abseits des Weges liegt. Ihre Geschichte ist nicht ganz geklärt, wobei man davon ausgeht, dass sie eine Grabkirche für Jakobspilger war. Denn nicht jeder Pilger erreichte, früher wie auch heute, das Ziel: Santiago de Compostela.

5. Mai 2012

*„Unser erster Camino-Tag begann in **Pamplona**. Das Ziel war Puente la Reina und fing nach einem guten Frühstück dann etwas verspätet um 10.00 Uhr an, nachdem der erste Stempel in den Pilgerpass signiert wurde.*

Danach ging es ca. 2 km quer durch die Stadt, dann begann der erste, aber feine Anstieg. Ein Blick über die Schulter bot uns das wunderschöne Panorama von Pamplona, bevor unser Weg hinter der ersten Anhöhe unseren Blick nach vorne auf den ersten schwierigen, aber schönen Anstieg auf die Sierra del Perdón bis hoch auf den Rücken des Puerto del Perdón führte. Dies ist die Klimascheide zwischen Norden und Süden auf der Hochebene der Navarra. Hier stellte ich für Rainer, der kürz-

Profil Etappe 1 (E1), 23 km

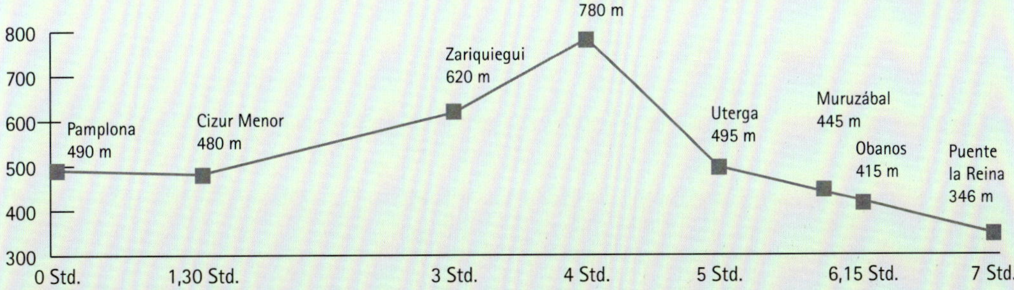

lich mit 55 Jahren an Krebs verstorben war, und für Sabine, seine Frau, den versprochenen Steintempel auf. Auf der vor uns liegenden Bergkette stehen unzählige Windkraftanlagen wie an einer Schnur aufgereiht. Der kräftezehrende Anstieg dauerte zwei Stunden, welcher aber mit einem atemberaubenden Fernblick in alle Richtungen belohnt wurde, der Wettergott (oder war es gar Jacobus selber) war uns stets gnädig, denn überall um uns herum regnete es, nur nicht da, wo wir gerade pilgerten.

Es war eine unbeschreibliche Stille in der Natur, nur die Vögel mit ihrem wunderbaren Gesang durchdrangen die Stille. Felder, kleine Buschgruppen und kleine Orte, prägten das Bild der Ferne. Nach Durchschreiten der ersten Orte fiel uns bereits schon auf, dass dort absolute Ruhe herrschte. Man sah so gut wie keinerlei Menschen. Die Orte waren absolut aufgeräumt, sauber und im alten Stil neu renoviert. Es schien, als seien Straßen, Häuser und Plätze in den letzten Jahren großzügig aus EU-Mitteln restauriert worden. Es waren überall Pilger, einzeln oder in kleineren Gruppen, auf dem Camino zu sehen.
Die Ruhe war dennoch unbeschreiblich.

Als wir nach ca. 25 km dann in unserem Hotel in ***Puente la Reina*** *angekommen waren, schüttete es wie aus Kübeln. Nach kurzem Verschnaufen wurde zunächst der Staub abgeduscht und anschließend die Kehlen gespült. Als Betthupferl erzählte Paul die Geschichte*

Pamplona mit den Pyrenäen im Hintergrund

von Jacob und Jerusalem aus dem Alten Testament. Meiner Bitte, die Geschichte soweit auszudehnen bis ich eingeschlafen bin, ist mein Freund Paul angeblich nachgekommen. Da ich aus Gründen von tiefster Erschöpfung das Ende nicht wahrnehmen konnte, musste Paul wohl oder übel den Rest am nächsten Abend nochmal wiederholen. **“**

Blick über Navarra

Sehenswürdigkeiten und Wissenswertes auf dem Weg

In **Pamplona** befindet sich eine gotische Kathedrale aus dem 15. Jh. Die neoklassische Fassade aus dem 17. Jh. lässt nicht erahnen, wie bemerkenswert es im Inneren aussieht.

Im Zentrum stehen zwei Alabastergrabmale aus feinster Arbeit, hier liegen König Carlos III. Karl III. (el noble) von Navarra (gest. 1425) und seine Frau Leonor von Trastámara aus Kastilien. Der Hauptaltar hat ein Sterngewölbe.

Die Brücke, die Puente la Reina ihren Namen gibt.

Der romanischen Marienfigur Santa María la Real, die aus Silber gefertigt ist, ist dieses Haus geweiht. Früher nutzte man es als Hospital namens San Miguel, hier wurde den Pilgern geholfen.

Rechts neben der Kathedrale befindet sich ein sehr sehenswerter Kreuzgang aus dem 14. Jh. und das Diozesammuseum, das früher ein Kloster war.
Verlässt man die Stadt Pamplona, führt der Weg vorbei an dem alten Rathaus aus dem 17. Jh.. Der Weg gestaltet sich reich an Kunstdenkmälern, bis beide Wege – Navarra und Aragonien – zusammentreffen und sich in Obamos zum „Camino Real Francés“ vereinen.

In Puente la Reina gibt es viele schöne Kirchen zu sehen, z.B. die Iglesia de Santiago, romanisch, 12. Jh., mit einem wunderschönen Torbogen im Eingang. Gegenüber befindet sich der ehemalige Bischofspalast. Auch diese Stadt erkennt man sofort als „Camino-Stadt“, überall gibt es entsprechende Symbole zu entdecken.

Etappe 2

■ Punte la Reina ist ein bedeutender Ort auf dem Jakobsweg, da sich hier die zwei nordspanischen Pilgerwege vereinen und über den Fluß Rio Arga geführt werden.

Hier in la Reina kann man die Strukturen des alten Pilgerweges noch hautnah miterleben, was sich durch die alte Hauptstraße und die daneben gelegenen Pilgerhospitäler und die zahlreichen Kirchen nachvollziehen lässt.

Innenstadt von Puente la Reina

6. Mai 2012

›› Ausgeruht und bei gutem Wetter ging die Reise durch die Altstadt von Puente la Reina, wobei ich meiner Tochter Nicole an diesem wunderbaren Morgen als erster zum Geburtstag gratulierte. Als besonderes Geschenk versprach ich ihr, einen Steintempel für sie, das werdende Leben (Name zu diesem Zeitpunkt noch unbekannt, heute mein Enkelkind Charlotte) sowie für Fabian auf meinem persönlichen Camino zu setzen. Bilder wurden selbstverständlich nachgereicht.

Ansonsten setzte sich der Tag mit vielen neuen Erlebnissen und Eindrücken fort. Es gab bereits am zweiten Tag wiederkehrende Begegnungen mit anderen Pilgern, einem Münchner (bei uns intern der Aufschneider genannt) sowie mit zwei Mädels aus Dortmund und Augsburg, deren Wadenkrämpfe am Vortag, dank Pauls Schüssler Salzen, geheilt wurden. Nun tat sich bei einer der jungen Wanderinnen eine neue Baustelle auf, welche behandelt werden musste, nämlich brennende Fußsohlen.

Nach all diesen Erlebnissen zeichnete sich jedoch ein gutes Ende ab, denn am Zielort Estella traf ich unseren Münchner wieder, der mitteilte, dass er ein falsches Hotel gebucht hatte und noch 20 km weiter musste.

Diese Info fand später bei Paul ungenierte Freude. Nach gemeinsamer Erfrischung im

Profil Etappe 2 (E2), 21 km

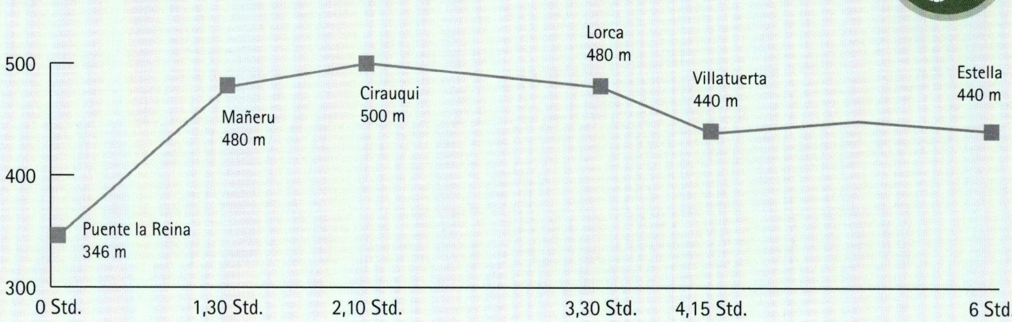

Hotel ging es nochmals zur Stärkung ins Städtchen. Während wir in einem Restaurant saßen, ging an unserem Fenster überraschend ein bekanntes Gesicht vorbei (es war der Münchner).

Er gesellte sich zu uns an den Tisch. Denn er hatte umgebucht! Gesättigt und zufrieden mit dem Tag, liegen wir nun im Bett und freuen uns auf den neuen Tag.

Gute Nacht Amigos. “

Sehenswürdigkeiten und Wissenswertes auf dem Weg

Cirauquí ist ein malerischer Ort mit einer großen Anzahl historischer Gebäude, beispielsweise die Kirche San Román mit gotischer Fassade aus dem 13. Jh. und vielen Elementen aus der Mudéjar Kunst.

Kirche in Cirauquí

Estella – „Stern des Nordens" – ist römischen Ursprungs. 1090 gründete Sancho Ramírez, König von Aragín und Navarra, auf den Ruinen einer alten Siedlung einen neuen Ort, an dem der Camino entlang führen sollte. Der Ort wurde mit Sonderrechten ausgestattet, um ihn wieder zahlreich zu besiedeln.
So kamen auch Franzosen und Juden, und mit den einheimischen Navarrern bildeten sie drei unterschiedliche Völkergruppen, die für das Wachstum der Stadt sorgten, die bald ein wichtiges Zentrum des Handels wurde.

Der Ort wurde sehr lebendig, es gab viele Hospitales, Bruderschaften und Kirchen, die wir bis heute bewundern können. Durch Streitigkeiten im 14. Jh. verlor Estella an Glanz, 1323 wurden die Bruderschaften aufgelöst, 1328 folgte ein Progrom im jüdischen Viertel, darauf mussten viele Juden die Stadt verlassen, der Wirtschaftsniedergang begann. 1512 wurde das Gebiet Navarra von Kastilien besetzt, Estella versank in einen Dornröschenschlaf.

Marktplatz von Estella

Etappe 3

■ Estella war bereits im Mittelalter ein wichtiger Pilgerort und wurde schon damals von den Pilgern selber „Estella die Schöne" getauft.

Hier befindet sich auch der Palast der Könige von Navarra aus dem 12. Jahrhundert sowie eines der ältesten Zivilgebäude Spaniens.

7. Mai 2012

❞ Nachdem mir Paul am Vorabend mitgeteilt hatte, dass er am folgenden Tag bereits früh alleine starten möchte, stellte ich mich auf einen wortkargen Wandertag ein.

Ich verließ das Hotel, auf der Suche nach einer Stempelstelle für meinen Pilgerpass. Ich hatte mir bereits am Vorabend überlegt, in der großen Kirche am großen Marktplatz von Estella mir diesen zu holen. Jedoch waren die Türen verschlossen, sodass ich mir kurzerhand in einem mit Fahnen geschmückten Gebäude Einlass verschaffte. Ich war bei der Polizei gelandet. Jedoch war es kein Problem, der Stempel wurde freundlich gezückt und kraftvoll in meinem Pass verewigt. Mit einem höflichen Gruß auf Spanisch verließ ich dann das Gebäude, mit dem Ziel den Jakobsweg, und zwar in der richtigen Richtung, weiterzulaufen.

Der Weinbrunnen in Irache – links Rotwein, rechts Wasser

Nach ein paar letzten schönen Eindrücken der Stadt ging mein Weg westwärts hinaus, immer nach oben. Ich war etwas erstaunt, dass mich bereits nach 50 Minuten die erste kostenlose Erfrischung zur Selbstbedienung aufforderte; an einem Brunnen, aus dem frischer Rotwein floss. Gelesen hatte ich bereits im Vorfeld von einem solchen Brunnen, jedoch hatte ich ihn hier nicht vermutet. Nachdem ich einen Schluck gekostet hatte, ging es erfrischt weiter. Mir schien, als wären bereits alle Pilger vor mir, selten kreuzte jemand meinen Weg. Dies hielt jedoch nicht lange an, denn wie

Profil Etappe 3 (E3), 21 km

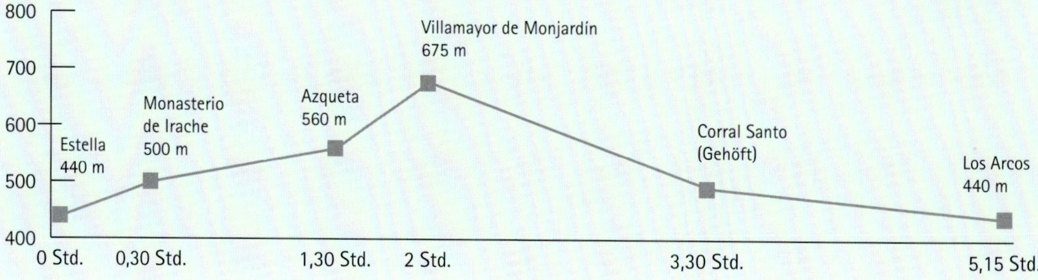

es sich in den letzten Tagen zeigte, hatte ich einen ordentlichen Schritt drauf. Dann die Überraschung: der Weg zu dem heutigen Ziel Los Arcos gabelte sich. Damit wurde auch ein gehütetes Geheimnis vom Vortag geklärt. Denn ein Vergleich der Wanderroute aus meinem Reiseführer und dem Streckenprofil sowie der Informationen unseres Bekannten Werner (Münchner) ergaben erhebliche Abweichungen. Damit war hier an dieser Stelle die Ursache geklärt: Es gab einen kürzeren, aber steileren und einen längeren, jedoch etwas flacheren Weg.

Ich ging davon aus, dass mein sportlicher Paul den steileren Weg gewählt hatte. Aus diesem Grund und weil ich mich bei den bereits steigenden Temperaturen nicht quälen wollte, entschloss ich mich für den langen Weg. Zunächst ging es durch wunderbare alte Mooreichen- und Olivenhaine, in denen absolute Ruhe herrschte. Hier setzte ich an einem schönen und beschaulichen Ort einen Steintempel für Gertrud, meine geschiedene Frau und unsere Kinder. Danach war das nächste Ziel Villamajor de Monjardin, wobei mich der Kirchturm bereits aus der Ferne begrüßte.

Nach einer entsprechenden Vesperpause ging es auf die letzte Wegstrecke, welche sich durch absolute schattenlose und unendliche wasserquellenlose Weizenfelder über eine Länge von 13 km erstreckte. Hätte ich spätestens am letzten Rastplatz mal in den Reiseführer geschaut, wäre dieser Hinweis für mich sehr vorteilhaft gewesen.

Der dritte Tag hatte nun erheblich an meiner Kraftreserve genagt, und ich war heilfroh, als ich das Ortsschild von Los Arcos vor mir sah. Im Hotel angekommen, erlebte ich die große Überraschung: Paul war schon da! Aber auch er war erst vor 20 Minuten eingetroffen. Nachdem wir uns gegenseitig bedauert hatten, wie hart der Tag war, wurden die Wehwehchen behandelt, unter anderem mein plötzlicher Schulterkrampf. Beim Auspacken des Rucksacks gab es eine weitere Überraschung; meine geliebten Crocs hatte ich in der letzten Herberge vergessen. Ansonsten war nach einem schönen Bad, Massage, schmerzstillenden Bonbons, Schüsslersalzen und zwei großen Bieren das Leben wieder lebenswert. Nachdem wir uns in einem Restaurant gestärkt hatten, wurde noch etwas über das Leben philosophiert.

Danach ging es ins Bett, denn der nächste Tag sah eine Strecke von knapp 30 km für uns vor. Also gute Nacht! “

Sehenswürdigkeiten und Wissenswertes auf dem Weg

Irache: Benediktiner Kloster, gewidmet Ntra. Sra. la Real, Zysterzienzer Kloster aus der Zeit Ende des 12. Jh., eines der ältesten Klöster von Navarra. Zeitweise gab es hier ein Pilger-Krankenhaus, und bereits im 16. Jh. schmückte der Ort sich mit einer Universität. Heute gehört das Kloster zur Bruderschaft der PP Escolapios. Bemerkenswert: ein Weinbrunnen direkt am Weg, an dem man kostenlos Wein verköstigen kann. Eine Web-Kamera beobachtet das Geschehen tagtäglich.

Azqueta: Kirche San Pedro, Brunnen der Mauren mit zwei gotischen Bogen.

In **Villamayor de Monjardín** sehen wir auf dem Hügel die Burg San Esteban und die romanische Kirche San Andrés aus dem 12. Jh. mit einem barocken Turm. In der Hauptfassade ist eine Säule mit Kampfdarstellungen von Roldán und Ferragut sowie der bereits erwähnte Königspalast von Estella zu sehen. Der ganze Stolz dieser Kirche ist ein romanisches silbernes Kreuz aus dem 12. Jh. Auch Karl der Große kam bis Monjardín. Mit seinen Truppen kämpfte er hier gegen Araber und Navarreser, wie uns die Legende von Turpín versichert.

Kirche La Asunción

Los Arcos: Wir betreten die Stadt durch die Calle Mayor, vorbei an der Kirche La Asunción mit ihrer sagenhaften Nordfassade im plateresken Stil. Der gotische Kreuzgang ist aus dem 15. Jh. und der Turm aus der Renaissance. Die Kirche ist einschiffig. Seitlich, in den Zwischenräumen der Strebebögen, wurden Kapellen eingebaut. Wir verlassen Los Arcos durch das Tor von Kastilien.

Der Kreuzgang der Kirche

Das Tor von Kastilien

Etappe 4

Logroño gehört mal wieder zu den etwas bedeutenderen Städten am Pilgerweg. Der Jakobsweg führt hier noch immer streckenweise auf dem Originalweg von vor 900 Jahren. Logroño ist Hauptstadt der spanischen Region La Rioja und somit das Herz der bekannten nordspanischen Weinregion.

Bevor man in Logroño eintrifft, wird man bereits von einer alten Dame namens Donna Filisa registriert. Sie harrt seit vielen Jahren am Pilgerweg und vergibt gerne den begehrten Pilgerstempel, natürlich gegen eine kleine Gebühr. Sie gehört zum Weg wie die Albergen/Hostels und die Brücken. Von dieser Stelle hatte seinerzeit Hape Kerkeling in seinem Buch „Ich bin dann mal weg" eine lustige, amüsante Erzählung geliefert.

8. Mai 2012

» Nach dem Frühstück erkundigte ich mich nach der Stempelquelle, die wir glücklicherweise in einer Pilgerherberge fanden, wo der Stempel frei zugänglich für jedermann auf dem Tisch lag. Der Morgen unseres heutigen Caminos fing jedoch mit leichtem Regen an, der sich aber erfreulicherweise auf den folgenden acht Kilometern verflüchtigte. Ohne irgendwelche Beschwerden vom Vortag ging es zügig voran. Heute stand der Steintempel für Tina, die Kinder und mich an.

Paul und ich gingen abwechselnd kurz versetzt vor- bzw. hintereinander. Man hat ja nicht immer was zu sagen, und der Schritt findet sich irgendwie automatisch ein. Nach ca. sieben Kilometern durchschritten wir den ersten Ort – dieser war jedoch wie immer einsam und verlassen. Wir machten kurz auf einem Haussockel Rast und gingen dann weiter. Nach ca. drei weiteren Kilometern trafen wir auf unsere alten Bekannten Sabine und Jutta, wobei noch

Profil Etappe 4 (E4), 29 km

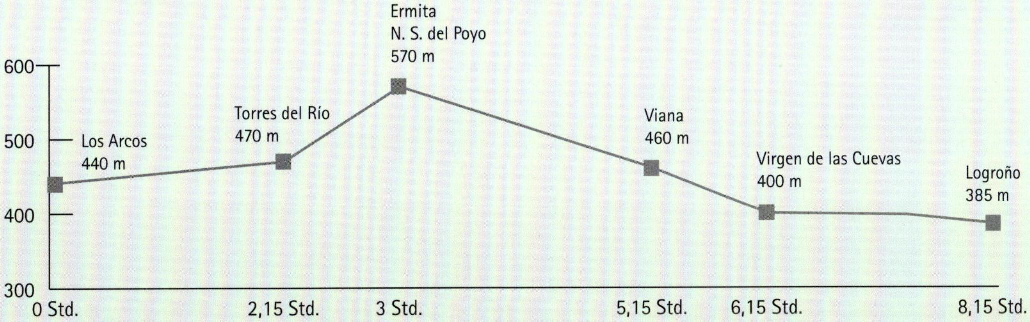

eine dritte Frau bei ihnen saß, welche, so gut es ging, ihren Fuß massierte. Ich sah mal wieder mein Unheil kommen, die Rast dauerte etwas länger, denn Paul mit seinen goldenen Händen blies zum Angriff. Anschließend wurde der Fuß bis an die Waden getaped – dann gingen wir gemeinsam mit Sabine und Jutta weiter, ebenso Paul. Die neue polnische Bekanntschaft (Caro) ging langsam hinter uns her, bis irgendwann Paul nach hinten blickte und ohne Abmeldung im Laufschritt zu ihr zurücklief.

Was dann geschah, erfuhren wir erst nach weiteren vielen Kilometern bei einer Pause in einem schattigen Waldstück am Rande des Weges. Auf einmal tauchte Paul mit besagter Dame auf, Paul trug zwei Rucksäcke und seine Begleiterin schien sichtlich geheilt.
Beide zogen mit den Worten an uns vorbei, „wir gehen langsam voraus". Nach kurzer Zeit hatte ich dann beide eingeholt und bemerkte, mich bereits von hinten annähernd, wie sie Paul einiges aus ihrem Leben erzählte. Zum Glück näherten wir uns ihrem Zielort Viana, wo Paul sie nochmals perfekt ärztlich versorgte.

Im Ort Viana angekommen und Rast in der belebten Hauptstraße neben der Kirche machend, waren bereits viele Pilger anwesend. Danach trafen noch weitere uns bekannte Gesichter ein. Nach einer ausgiebigen Rast hieß es für uns erneut „Aufbruch", denn wir waren noch nicht an unserem heutigen Ziel und hatten weitere zehn Kilometer vor uns.

Nachdem unsere Damen Sabine und Jutta registrierten, dass wir heute bis Logroño weiter gehen wollen und somit am kommenden Morgen kein Sanitäter bzw. Wohltäter mehr in der Nähe sein würde, wurde spontan beschlossen, uns mit Taxi oder Bus zu folgen. Mein Gedanke: „Das wird ja noch heiter."

Kurz vor unserem Zielort Logroño kamen uns zwei Pilger entgegen. Ich zeigte ihnen, dass sie in die falsche Richtung liefen. Dies war jedoch nicht der Fall, sie zeigten uns ihre Pilgerpässe. Es war unglaublich: Sie waren bereits am 29.02.2012 von Polen nach Santiago de Compostela gegangen und waren nun auf dem Rückweg. Wobei sich die einfache Wegstrecke auf 3.150 km beläuft!
Bei diesem Gedanken stellten sich meine Haare am Unterarm senkrecht auf. Die beiden Pilger dagegen waren super drauf und hatten ein unglaubliches, zufriedenes Lächeln im Gesicht.

Berühmt aus HaPe Kerkelings Buch: Donna Filisa, die ältere Dame an der Stempelstation

Durch Logroño fließt der Ebro

Im Hotel endlich angekommen, stand zunächst Duschen und Kleiderwäsche an. Das Hotel war super, sehr modern und mitten in der Altstadt gelegen. Schnell noch ein paar neue Ausgehschuhe (Badelatschen) für mich besorgt und ab zur Futterluke. Danach ein letztes Glas Rotwein in der Lobby und dann aufs Zimmer. Ich konnte es kaum erwarten, denn Paul hatte extra Massageöl für mich gekauft, um damit meinen geschundenen Körper zu massieren. Nach reiflicher Überlegung habe ich dem dann zugestimmt.

Wie der Camino selbst war auch dies eine grenzgängige Erfahrung. Qual und Genuss lagen sehr eng beieinander! ❝

Sehenswürdigkeiten und Wissenswertes auf dem Weg

Innenstadt von Logroño

Über den Fluss Odrón verlassen wir die Stadt und erreichen Sansol, eine kleine Ortschaft mit dem Patron San Zoilo. In Torres del Rio steht die Kirche Santo Sepulcro mit ihrem achteckigen Grundriss mit einer sternförmigen Kuppel und einer Darstellung Jesus aus dem 13. Jh.. Am Weg, rechts von der Straße, liegt die Kapelle Virgen del Poyo. Auch hier gab es früher ein Pilger-Krankenhaus.

Viana: Gegründet im 13. Jh. durch Sancho el Fuerte (der Starke). Karl III. baute hier „Principado de Viana", eine gemauerte Stadt, an der Grenze des Königsreichs Kastilien. Bis heute ist der alte Stadtentwurf mit seinen Straßen, Palästen und den Herrenhäusern mit ihren Wappen erhalten. Hier gab es auch vier Pilger-Krankenhäuser. Die Kirche Santa María, ein großes Monument aus dem 14. Jh., hat in ihrer Renaissance-Fassade Szenen aus Mariens Leben in Stein gemeißelt. Großartig: der Barock-Altar. Hier ist auch der Prinz von Viana César Borgia begraben. Sehenswert sind auch die Ruinen der gotischen Kirche San Pedro. Nach Viana erreichen wir die Kapelle Virgen de las Cuevas, auch genannt Trinidad. Sie besaß ein Kloster des Ordens Trinitaria mit Pilger-Krankenhaus, eine ehemalige Wohnhöhle ist zu sehen.

Logroño: Kurz darauf verlassen wir das Navarra-Gebiet und betreten die autonome Region La Rioja. Einst war es Grenzgebiet zwischen Navarra und Kastilien, von beiden Seiten teilweise besetzt. Zu Beginn des 11. Jh. noch die Hauptstadt des Königreichs Navarra, wechselte sie dann zu La Rioja. Ferdinand I. von Castilla de Léon fügte sie dem Königsreich Kastilien zu. Sein Sohn Alfons VI. besiedelte Logroño. Logroño war berühmt für seine vielen Klöster und die Wiege vieler großer Heiligen wie Santo Domingo und San Juan de Ortega. Sie beteiligten sich mit Hilfe der Könige am Bau des Jakobswegs mit Brücken und Wegen durch ganz Kastilien. Das historische Viertel wurde am Weg gebaut. Dieser verläuft von Ost nach West, parallel zum Fluss Ebro.
Alfons VI. gab der Stadt im Jahr 1095 Sonderrechte. Dadurch verwandelte sie sich in ein wirtschaftliches Zentrum mit einer großen Zahl an Pilger-Herbergen und -Krankenhäusern. Kirchen: Santa Maria del Palacio, Santiago el Real mit einer Darstellung des Apostels gegen die Mauren, 16. Jh., San Bartolomé, Kathedrale Santa Maria la Redonda mit Zwillingstürmen und dem sehr gut erhaltenen Pilgerbrunnen, der bis heute in Betrieb ist.

Etappe 5

■ Das heutige Stück Weg führt uns überwiegend durch die Weinberge des Rioja Anbaugebiet. Bereits zur Mittagszeit sieht man weit am Horizont ein rot leuchtendes Felsmassiv aus dem ansonsten flachen Gelände herausragen.

Nájera hat laut Überlieferung durch einen Jagdausritt des Königs im Jahre 1650 enorm an Bedeutung gewonnen, da dieser hier in einer Felshöhle ein Madonnenbildnis vorfand. Daraufhin ließ er an dieser Stelle das Kloster Santa Maria la Real errichten. Hier wurden im 11.- und 12. Jahrhundert verschiedene Könige und Königinnen des Navarrischen Hofes beigesetzt.

9. Mai 2012

» Heute haben wir etwas länger geschlafen. Zunächst ging es wieder einmal quer durch die Stadt, bis sich der Weg in einer ewig langen Baumallee, jedoch nur für Fußgänger und Radfahrer zugänglich, fortführte. Es war schon etwas sonderbar, auf dem Weg aus der Stadt heraus liefen in beiden Richtungen unzählige Menschenmassen. Alt und Jung.
Es stellte sich mir immer wieder die Frage: „Wo wollen die hin, die in meine Richtung liefen bzw. wo waren die gewesen, die mir entgegen kamen?"

Nach gefühlten 4-5 km war das Rätsel gelöst: Es war Embalse de la Grajera, ein großes Parkgelände mit einem vor Jahrzehnten künstlich angelegtem See. Hier wurde geangelt, gejoggt, geradelt und spazieren gegangen. Es ist das Haupterholungsgebiet von Logroño. Gott sei Dank führte unser Weg aus diesem Massentourismus nun heraus und wir waren wieder unter uns. Der Tag des Tempelbaus war heute für meinen Sohn Matthias, Enkel Julius und dessen Mutter Ramsina bestimmt.

Auch heute gingen wir zum großen Teil getrennt, weil wir doch unterschiedliche Gangarten haben. Außerdem hatte mein Freund Paul ja noch die Mission des edlen Samariters zu erfüllen. Mit dieser Aufgabe hatte er stets ausreichend Möglichkeiten. Dies reichte an diesem Tage von körperlichem Zusammenbruch mit massivem Brechreiz eines jungen Spaniers, der wohl am Vorabend etwas viel getrunken

Profil Etappe 5 (E5), 26 km

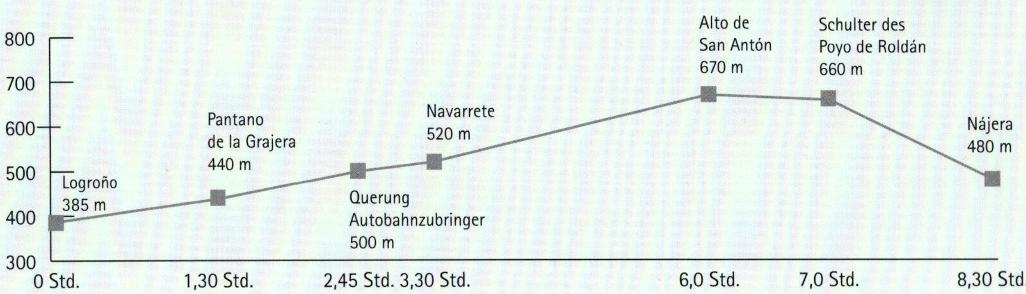

hatte, bis hin zu frischen und alten Blasen und auch diversen Muskelkrämpfen.

Hier an dieser Stelle möchte ich mal das Wetter der letzten beiden Tage beschreiben, es war den ganzen Tag warm, bis 28° C. Es gab Streckenabschnitte bis zu zehn Kilometer ohne Strauch und Baum. Darum wurde stets – da wo sich mal eine Erfrischung bot - auch gerastet. Paul sagte heute, er würde gerne den Münchner noch mal sehen, worauf ich antwortete: das wird schwierig. Auf den ersten 12 Kilometern begegnete uns kein bekanntes Gesicht der letzten Tage, und als wir unsere erste größere Rast in Navarrete ansteuerten, sagte ich zu Paul, dass wir wohl auch die beiden Frauen Jutta und Sabine hinter uns gelassen hatten. Aber 200 m weiter im Zentrum von Navarrete, an einer Bar hinter einer Mauerecke, folgte die Überraschung: Wer saß da? – Die beiden Frauen und die Wienerin Gerti, welche wir am Vortag durch die beiden Frauen kennengelernt hatten. Was für eine Freude für alle! Beim erneuten Aufbruch wurde sich wie immer verabschiedet, da sich eine Trennung bezüglich der Wegstrecke langsam abzeichnete. Wir hatten uns heute wieder einmal 10 km mehr als sie vorgenommen, dennoch war für alle Beteiligten der Gedanke „nichts ist unmöglich“ präsent.

Nach einem aufreibenden Marsch, der immer nach oben ging, erreichten wir Ventosa. Unglaubliches geschah! Wir trafen den Münchner. Nach kurzer Rast und Erfrischung entschloss sich auch der Münchner (Werner), mit uns bis nach Nájera zu ziehen. Hierzu musste Paul jedoch mal wieder den Erste-Hilfe-Koffer auspacken und den Pilger fit machen.

Nach einem 2 ½ stündigen Tripp erreichten wir endlich unser Ziel, den Ort Nájera. Nachdem wir den Rio Najerilla überschritten hatten, standen wir vor unserem Hotel in der Altstadt. Nach kurzem Waschgang und Atemholen ging es zusammen mit dem Münchner in ein Bistro, direkt am Rio Najerilla. Es wurde ein feuchtfröhlicher Abend bei gutem Wein und Pilgermenü. Am Ende des Abends kam von Werner der Vorschlag, unseren Plan für morgen zu ändern, und mit ihm ein Taxi zu einem nah gelegenen Kloster zu nehmen. Von dort würde ebenfalls ein Pilgerweg wieder auf unseren Camino führen und die Streckenlänge würde fast identisch sein. Wir beschlossen den Vorschlag anzunehmen. Danach ging es in unsere vornehme Herberge zur Nachtruhe.

Erstaunlicherweise war uns ansonsten an diesem Abend keiner unserer ewigen Weggenossen gefolgt.“

Die Weinberge des Anbaugebietes Rioja

Sehenswürdigkeiten und Wissenswertes auf dem Weg

Das Zentrum von Nájera

Navarrete: Industriestadt mit Zukunft. Sie besaß eine Burg und viele Herrenhäuser. In der Sakristei der Kirche Asunción aus dem 16. Jh. sind Bilder zu sehen, die Rembrandt zugeschrieben werden. Auf dem Friedhof von Navarrete befindet sich ein romanischer Torbogen eines früheren Klosters aus dem 13. Jh. Ebenso eine Darstellung der Aufnahme Mariens in den Himmel. Der Besuch der Kirche La Asunción mit ihren bemalten Fenstern ist ein „Muss".

Nájera: Die Geschichte Nájeras ist zurückzuführen auf die Römer. Sie war besetzt durch die Araber, die der Stadt den Namen gaben (Stadt zwischen Felsen). Ordoño II. eroberte sie 923. Und sie war Bischofssitz. Sancho el Mayor, de Navarra, ließ den Jakobsweg dort vorbeiführen. Garcia de Nájera begann den Bau des Klosters Santa Maria. Bald wurde die Stadt Zentrum des Weges und damit auch Handelsstadt. Das architektonische Juwel von Nájera ist das Kloster Santa Maria la Real. 1052 gegründet von König Don García zu Ehren des Wunders, das in einer Höhle stattfand. Dort fand er während seiner Jagd eine Figur der Mutter Gottes Maria.

Sowohl das Kloster als auch das Pilger-Krankenhaus wurden von Alfonso VI. unter die Cluny-Mönche gestellt. Die Kirche wurde Mitte des 14. Jh. gebaut. Darin befindet sich das Panteón Real mit Darstellungen des Königs mit seiner Frau, weiterer Könige und Prinzen. Der Kreuzgang in seinem filigranen und plateresken Stil ist einer der schönsten auf dem Jakobsweg. Wir wundern uns über die Wohnhöhlen, die von der Brücke aus zu sehen sind. Diese wurden bis ins 20. Jh. benutzt.

Kreuzgang im Kloster Santa Maria

Blick vom Innenhof auf den Kirchturm des Klosters

Siesta in Nájera

Etappe 6

■ Santo Domingo hat ebenfalls, wie alle größeren Orte am Camino, bereits ab dem 11. Jahrhundert an dem Pilgerweg verdient. Denn die vielen durchziehenden Pilger wollten versorgt werden. Auch kirchlich hat sich die Stadt nach vorne entwickelt und wurde Bischofssitz. Über die örtliche Kathedrale weiß man auch eine alte Geschichte zu erzählen.

Die Geschichte erzählt von einer deutschen Pilgerfamilie mit Sohn, welche in einem örtlichen Gasthof übernachtete. Die Magd des Gastwirts hatte großes Gefallen an dem Sohn gefunden und wollte diesen verführen. Jener verweigerte sich jedoch. Daraufhin war die Magd gekränkt und steckte dem Jungen einen silbernen Becher in die Jackentasche. Beim Aufbruch am nächsten Tag ließ sie ihn auffliegen. Der Sohn wurde zum Tode verurteilt und gehängt. Die Eltern zogen weiter nach Santiago de Compostela und klagten dem Apostel ihr Leid. Sie reisten zurück und fanden den Sohn noch lebend vor. Der Heilige Santo Domingo hatte ihn unsichtbar hochgehalten, so dass sie den Strick nach Wochen durchschneiden konnten. Man informierte den Bischof, der gerade am Mittagstisch saß und ein gebratenes Huhn und einen Hahn verspeiste. Als man ihm den Vorfall mitteilte, weigerte er sich das zu glauben. „Eher wachsen diesem Tier hier Flügel, als dass dies stimmt", war seine Antwort. Und siehe da, beiden Tieren wuchsen wieder Federn, und beide flogen kreischend davon. Seitdem leben in einem Käfig in der Kirche ein Huhn und ein Hahn.

10. Mai 2012

» Nach angenehmer Nachtruhe und einem köstlichen Frühstück ging es am Morgen für ein paar Fotos kurz einmal in die nähere Umgebung. Die Stadt lag direkt an einer massiven roten Felswand, ca. 120-150 m hoch, an ihren Felsvorsprüngen hatten sich dutzende Störche Felsennester gebaut und schauten auf die Stadt herunter.

Die rote Felswand von Nájera

Profil Etappe 6 (E6), 21 km

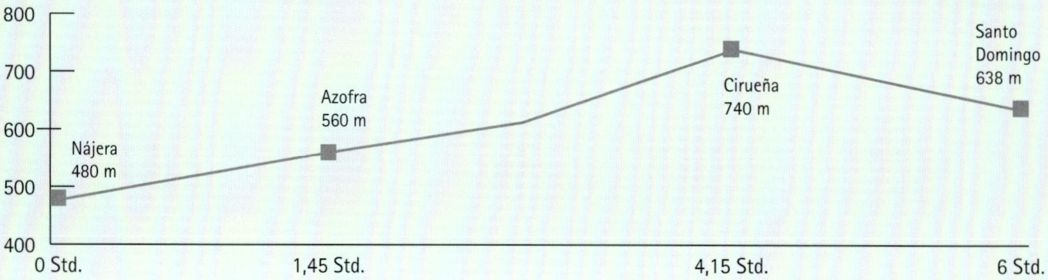

Danach gingen wir zum örtlichen Taxistand, um uns gefühlte 20 km ins Hinterland, abseits von unserer eigentlichen Camino-Route bringen zu lassen. Das Taxi ließ uns dann am Ortseingang raus, und wir schlenderten bei wunderbarem Wetter wieder einmal durch einen fast menschenleeren Ort zum Kloster Juso.

Kloster Juso

Plötzlich kamen von hinten eine Menge ziviler hochwertiger Karossen mit immens vielen Polizeifahrzeugen und Motorrädern angefahren. Wir wurden dabei sehr genau beäugt. Das Kloster war umringt von Polizei, die das historische Gebäude in einen Sicherheitsbereich verwandelten. Es war uns nicht möglich, in den inneren Bereich einzudringen, außer Paul, der durch einen Seiteneingang ins Innere schlüpfte, zumindest bis in die Kapelle des Klosters. Werner und ich hatten keinen Erfolg, auch nicht als Werner den Polizisten mitteilte, dass ich der Pilger „Seine Majestät" wäre und aus Köln käme. Es blieb bei einem kurzen spanischen Vortrag, der soviel sagte: „Hasta La Vista". Zwischenzeitlich waren auch das Fernsehen und zwei Polizeihubschrauber eingetroffen. Des Rätsels Lösung war ein Besuch der Tochter von König Juan Carlos.

Da uns der Zutritt zum Kloster Juso leider verwehrt blieb, stiegen wir zum zweiten Klosteranwesen Suso auf. Hierbei bot sich wieder eine gute Möglichkeit zum Steintempelbau für meinen Sohn Niko, Jasmin und Labrador Lilly. Endlich dort angekommen, waren aber auch hier die Tore verschlossen. Wer aber soviel auf sich nimmt wie wir, wird zum Glück belohnt. Auf einmal ließ sich jemand blicken, der uns

zwar gestikulierend mitteilte, dass erst in zwei Stunden geöffnet wird, dann aber ein Herz zeigte und uns die Türe außerhalb der Öffnungszeiten öffnete. Es zeigte sich eine sehr beeindruckende maurische Architektur.

Kloster Suso

Beeindruckende maurische Architektur

Nach einer Fotosession bekamen wir auch noch den ersehnten Stempel und eine kurze spanische Info, wie wir nun den Weg nach Santo Domingo zu unserem Camino einzuschlagen hätten. Es war nicht ganz einfach, da von hier die Beschilderung sehr spärlich war und nicht den üblichen Wegzeichen entsprach. Was sich uns dann jedoch auf den nächsten fast zehn km bot, war ein Weg, wie er vielleicht im Paradies anzutreffen ist. Er ging durch Eichen-, Kiefer- und Tannenwälder sowie kleinen Lichtungen mit wunderbaren Fernblicken.

Der Weg war gesäumt von Blumenmeeren in den unterschiedlichsten Zusammensetzungen und dazu der Gesang der Vogelwelt inklusive der Schrei eines Kuckucks. Auch hier wurde ein Steintempel, für zunächst Unbekannte, gesetzt.

Doch irgendwann hatten auch diese wunderbaren Eindrücke ein harsches Ende, nachdem wir die Zivilisation, einen kleinen Ort mitten in der Landschaft, wieder erreichten. Von hier ging unser Weg über eine nicht enden wollende Teerstraße, welcher wir bei ca. 30 °C und ohne Schatten folgen mussten. Fünf km vor unserem heutigen Ziel stießen wir wieder auf unseren alten Camino, der uns über holprige Feldwege in die Stadt Santo Domingo führte. Werner hatte zwischenzeitlich mehrmals versucht, als Anhalter das Leid zu beenden. Ich rief ihm von hinten zu: „Werner, komm der Versuchung des Teufels nicht nach - laufe Deinen Weg!" Mit einem Lächeln und gemeinsamen Fußmarsch wurde dann in den nächsten 1 ½ Stunden der Teufel besiegt.

In unserer heutigen Unterkunft angekommen, stellten wir fest, dass es nicht die Exklusivität der anderen Herbergen hatte. Bei dem Namen „Hospederia Cisterciense" war wohl auch nichts anderes zu erwarten. Es war ein Altenheim mit zusätzlichen Hotelzimmern. Es folgte das tägliche Ritual Duschen/Waschen/Nahrungsaufnahme. Das Letztere ist immer mit der Spannung verbunden: Wen triffst du heute?

Im Übrigen hatte Paul heute nur zwei Samaritereinsätze, wobei der letzte sich fünf km vor dem Ziel mit einer Pilgerin ergeben hatte, die sehr über ihre Füße klagte. Ich fragte sie, ob sie schon mal was von dem Typen mit dem grünen Handtuch gehört hat und sie bejahte dies und meinte: „Der ist doch mit seinem Klienten unterwegs". Ich teilte ihr mit, dass ich schon da sei und mein Paul in Kürze folgte. Nach örtlicher Behandlung war ich Paul mal wieder los, denn er pflegte ja stets, seine Opfer bis in die nächste Herberge oder den nächsten Ort zu begleiten. Wie durch ein Wunder fanden wir uns in der heutigen Herberge wieder. Zunächst war ich von dem Ort mit dem imposanten Namen „Santo Domingo" enttäuscht. Jedoch beim näheren Hinsehen bemerkte man, dass die für unseren Einzug speziell wohl ein Fest organisiert hatten. Selbstverständlich mit Tanzgruppen und Kapellen, die durch den Ort zogen. Oder sollte dies etwa auch dem Besuch des Königshauses vom Kloster Juso gegolten haben? Lassen wir dies einfach mal so offen stehen.

Auf jeden Fall traf man am Abend wieder die ganze alte Meute inklusive neuer Gestalten. Die Damen wurden, wie es sich gehört, zeitig um 22 Uhr ins Bett geschickt, denn danach werden die Türen der einfachen Pilgerherbergen zugeschlossen. Der harte Kern musste dann noch die trinkbaren Reste des Abends vernichten, wobei wir an diesem Abend dafür alles geben mussten. Dann war auch für uns Bettruhe angesagt, allerdings erst, als ich

Paul wegen seiner herzhaften Lachattacke zur Räson gerufen hatte. Er hätte sich sonst womöglich nicht mehr beruhigt – und wir wären vermutlich aus unserer feudalen Herberge verwiesen worden.

Der Grund für diese ansteckende Lachattacke konnte jedoch nicht eindeutig geklärt werden. Es lag wohl teilweise am Rotwein. **“**

Sehenswürdigkeiten und Wissenswertes auf dem Weg

20 km von Nájera entfernt befinden sich die beiden Kloster San Millán de la Cogella und San Millán de Suso, beide waren sehr wichtige Klöster zur Zeit der Reconquista. Hier wurden die ersten Sätze der spanischen Sprache (Castellano) im 10. Jh. geschrieben. Früher gingen viele Pilger aus diesen historischen Gründen an den Klöstern vorbei. San Millán de Yuso und Santa María de Valvanera wurden Escorial der Rioja Gebiet genannt. Diese beiden Klöster gehörten auch dazu.

Santo Domingo: Stadt der „Hühnerwunder" mit interessanter Geschichte und dem Hl. Domingo, dank ihm ist die Stadt entstanden. Er baute eine Brücke mit 24 Bogen und das erste Krankenhaus, ließ den Jakobsweg dort vorbei legen und ersparte so den Pilgern einige Kilometer flussaufwärts. Alfonso VI. schützte den Heiligen. Er baute auch die erste Kirche, die 1106 geweiht wurde. 1109 ist der Heilige selbst dort begraben worden. Um die Kirche herum entstand die Siedlung. Die Stadt bekam den Namen Compostela Riojana. Seit 1232 ist die Kirche die heutige Kathedrale. Der Hauptaltar gilt als großartiges Werk. Linksseitig bewundern die Pilger den Hühner-Altar mit einem lebendigen Hahn und zwei Hühnern, die alle vier Wochen ausgetauscht werden. Sie sollen Zeugnis geben über die Legende von Santo Domingo, die auf eine deutsche Pilgerfamilie zurückzuführen ist.

In dem alten Pilger-Krankenhaus befindet sich heute ein Parador Luxushotel mit vier Sternen. Bis heute kümmern sich die Bewohner sehr um die Pilger und machen die Stadt auf der ganzen Welt bekannt. Vorbei an der Kapelle Ermita de Santo verlassen wir Santo Domingo über die Brücke, die der Heilige bauen ließ.

Kathedrale von Santo Domingo

Der Kirchturm der Kathedrale

Etappe 7

Zu diesem beschaulichen Ort fand ich keine großen Sagen, beziehungsweise bedeutende Bauwerke vor Ort.

Ich erinnere mich jedoch an eine Geschichte, die mein Freund Welpi mir in der Zeit der Vorplanung mit auf den Weg gegeben hatte.
Er erzählte mir eine kleine Geschichte, die für ihn der blanke Horror war. Man muss wissen, er ist den Weg, genau wie wir, in drei Etappen gegangen, ist ihn jedoch zwei Jahre zuvor gelaufen. Hier nun seine Geschichte:

Belorado – ein Name, der nichts Gutes verheißt

Mit zwei Freunden habe ich den Jakobsweg in drei Etappen, von den Pyrenäen bis Santiago de Compostela, ebenfalls erwandert. Auch wir hatten uns von Anfang an dazu entschlossen, die Nächte in bescheidenen, aber sauberen Pensionen und Hotels am Wege zu verbringen und so wenig wie möglich in Herbergen zu gehen. Somit waren alle Zielpunkte vor Beginn der Reise fest vorgebucht und uns in jedem Ort ein Bett sicher. Wir hatten bisher mit allen Unterbringungsmöglichkeiten immer Glück gehabt, und der Zufall wollte es sogar, dass wir in Santo Domingo de la Calzada, eine Tagesetappe vor Belorado, in einem Parador (Luxushotelkette, die in vielen spanischen Städten ansässig ist) übernachten konnten.

So kamen wir also morgens frisch und ausgeruht auf die Strecke und machten uns auf den Weg zu unserem Tagesziel Belorado. Der Name hatte mir von Anfang an Sorge bereitet, und ich hatte keinen Tag ausgelassen, meinen Freunden mein Gefühl dazu mitzuteilen. Ich sollte recht behalten, denn es war grausamer, als ich es erwartet hatte. Der Name hörte sich für mich an wie eine verlassene Wild-West-Stadt, in der nur noch Geier und Kojoten lebten. Er hatte und hat so gar nichts wohlklingendes Spanisches in sich, und das bewahrheitete sich schon beim Betreten des Ortes.

Zerfallene Häuser, offenstehende Kanaldeckel, rostige Autos am Straßenrand, ein Ort, den man am liebsten schneller verlassen möchte als man kann. Wir durchquerten ihn in voller Länge, rund 2 km, bis ans Ende der Stadt. Es war an einem herrlichen Samstagnachmittag, gegen 14.00 Uhr, und wir waren auf dem Weg zu unserem Hotel, das gleichnamige Ein-Sterne-Haus „Hotel Belorado". Auch hier ist der Name Programm: Ein völlig heruntergekommenes „Hochhaus", mit einer verrauchten Kneipe im Keller, an deren Tresen sich an diesem Samstagnachmittag alles fand was sonst in diesem nordspanischen Ort des Grauens nichts Besseres mit sich anzufangen wusste. Die Luft, sofern man sie so nennen konnte, bestand aus Qualm von unendlich vielen Zigaretten, und es roch auch sonst nach allem, was man nicht so gerne riechen möchte.

Ein im Unterhemd bekleideter Gastronom begrüßte uns äußerst unfreundlich und wir durften aus einem Korb unsere Zimmerschlüssel ziehen. Dann wurden wir von seiner scheinbar fast 100-jährigen Mutter auf die 2. Etage gebracht. Hier zeigte sie uns unsere Zimmer. Wir waren wohl die einzigen Gäste in dem Haus mit über 30 Zimmern, denn auf allen Etagen standen die Türen auf und man konnte sich einen Eindruck davon machen, dass nicht

Dorfplatz von Grañon, ein Ort vor Belorado

nur das zugeteilte Zimmer das dreckigste war, was man bisher zu sehen bekommen hatte.

Nach kurzer Diskussion beschlossen wir, das Hotel durch den Hintereingang einfach wieder zu verlassen und uns nach einer anderen Bleibe im Ort umzusehen. Es gab eine ganz kleine und schöne Pension im Ort, das Hostal Jakobeo. Es war wunderbar und wirkte wie eine Oase in diesem Stadtbild, aber es war belegt.

So saß ich nachmittags um halb drei in Nordspanien, in Belorado, auf dem Bordstein der Durchgangsstraße neben einem geparkten Tanklastzug und fragte mich, was ich hier eigentlich gerade tat. Meinen Freunden ging es, so war jedenfalls mein Eindruck, ähnlich. Zuhause hätte man schön im Garten sitzen können, sich mit Freunden treffen können, Fußball gucken oder was auch immer man an einem wunderschönen Samstagnachmittag so macht.

Wir saßen also am Straßenrand in Belorado und überlegten, was wir tun sollten. Der nächste Ort war viel zu weit entfernt, das Hotel Belorado war nicht ansatzweise denkbar. Wir beschlossen also, den Ort nach weiteren Unterkünften zu durchsuchen und erinnerten uns, dass wir ortseingangs an einer neuen und modernen Herberge vorbeigekommen waren. Die sollte aber unsere letzte Anlaufstation sein. Allerdings erwies sie sich schnell als einzige Möglichkeit, denn alle anderen Pensionen, die wir noch fanden, waren restlos ausgebucht. So machten wir uns auf den langen Fußweg zurück zu dieser Herberge. Hier gab es auch noch ein Zimmer für uns drei, und es war auch auf den ersten Blick alles prima. Einer meiner beiden Freunde beschloss, sich etwas auszuruhen, wir beiden anderen beschlossen, uns den Ort ab jetzt einfach schön zu trinken und gingen in die zur Herberge gehörende Caféteria und bestellten einige größere Biere.

Irgendwann, so zwei Stunden später, fuhr ein schwarzer 500er Mercedes mit getönten Scheiben vor. Vorne stiegen zwei hagere Typen mit Anzug und Sonnenbrille aus, öffneten den Kofferraum und holten einen Rollstuhl raus. Den schoben sie vor die hintere rechte Türe und ließen einen kleinen kräftigen Kerl, so um die 40, auch mit Anzug und Sonnenbrille bekleidet, aussteigen und schoben ihn Richtung Eingang unserer Caféteria. Die Stimmung unter dem Wirtsehepaar kippte direkt und jeder im Raum wusste sofort, was das zu bedeuten hatte.

Dieses Trio nannten wir für den Rest unserer Wanderung nur noch die „Belorado-Brüder." Sie waren wirklich schon fast furchteinflößend und es wurde schnell klar, was sie wollten. Sie verzogen sich in das Billardzimmer, in das ihnen die Wirtin mit einem nicht unerhebli-

Die Kirche Santiago in Villafranca de Montes de Oca, der nächste größere Ort nach Belorado

chen Teil Bargeld aus der Kasse folgte. Danach verschwanden auch die Brüder sehr schnell wieder und machten sich wahrscheinlich auf den Weg zum nächsten Lokal, um dort die Einnahmen abzuholen.

Wir beschlossen an diesem Tag relativ früh zu Bett zu gehen, weil wir den Ort morgen so zeitig wie möglich verlassen wollten. In der Nacht platzte noch im Rucksack mein Wasserbeutel und machte meine ganzen Sachen klitschnass und zerstörte meinen bis dahin ehrgeizig gepflegten Pilgerpass vollständig.

Wir verließen, ich völlig durchnässt, morgens um fünf Belorado und machten uns auf den Weg über die schönen Oca-Berge zu unserem neuen Ziel, in das wunderschöne Atapuerca.

Michael Welp

Ich selber konnte dem Ort nichts Negatives anlasten, da wir, wie bereits erwähnt, freundlich zu unseren Herberge geführt wurden und auch ein tolles Zimmer zugewiesen bekamen.

11. Mai 2012

❞ Heute sind wir jedoch erst spät los gekommen, und mir war so, als ob der letzte Wein schlecht gewesen ist. Dennoch ließen sich die Bürger von Santo Domingo nicht entgehen, uns per Musikkapelle auf dem Platz vor der Ortskirche bei unserem Ausmarsch zu verabschieden. Egal, der Weg musste fortgeführt werden, denn unser Ziel Burgos und der Flieger warten nicht.

Die ersten zehn km fielen mir persönlich sehr schwer, und ich versuchte in einer Dorfkirche mit einem fünffachen „Vater unser" und „ge-

grüßt seiest Du Maria", mein Leid zu mildern. Ungelogen, es hat super geholfen. Nun galt es auf dem Weg wieder einmal meine tägliche Aufgabe zu erledigen: Für meine lieben Freunde Lothar und Hanne, die wie eingangs erwähnt, leider nicht Teil der Pilgergruppe sein konnten, und für den ganzen Rest der Familie einen Steintempel zu bauen. Die Wegstrecke bot jedoch keine schöne Gelegenheit, und ich ging nochmals in eine Kirche am Wegesrand und betete dort für einen guten Weg.

Etwa drei km weiter verließ ich, ohne ersichtlichen Grund, den eigentlichen Hauptweg, welcher über eine neue große Straßenbrücke führte, und ging parallel seitlich versetzt unterhalb der Brücke vorbei. Dann plötzlich bot sich ein fantastisches Bild einer alten Brücke, die unterhalb einer neuen größeren Brücke lag. Es schlängelte sich ein glasklarer Bach hindurch und ich wusste, das ist meine heutige Baustelle für unsere Freunde Hanne und Lothar und deren Familie. Ruckzuck warf ich den Rucksack an die Seite, suchte die notwendigen Steine und stellte sie aufeinander. Dann habe ich kurz ein paar Fotos gemacht und bin mit guter Laune weitermarschiert, obwohl die Strecke nach Belorado sich nicht als besonders attraktiv darstellte.
Übrigens hatte Paul mal wieder beim Ausmarsch aus Santo Domingo einen leidenden Wanderer getroffen, der von ihm versorgt und inklusive Gepäckservice bis in den nächsten Ort begleitet wurde. Hier traf ich Paul dann auch wieder. Die letzten fünf km haben wir uns dann nicht mehr aus den Augen gelassen und gemeinsam das Ziel angesteuert. Am Ortseingang trafen wir an einem kleinen Schwimmbad, welches zu einer Pilgerherberge gehörte, unsere alten Pilgerfreunde Jutta, Gerti, Sabine und Josef wieder. Sie hatten sich hier bereits einquartiert. Nach einer kleinen Stärkung und Schwimmeinlage schleppten wir uns dann in die Ortsmitte zu unserem Hotel, welches wir nach ein paar Anläufen in Begleitung einer netten Spanierin auch fanden. Eigentlich war abgesprochen, dass wir uns in großer Runde in unserem Hotel zum Abendmahl wiedersehen wollten. Nachdem wir feststellten, dass es bei

Profil Etappe 7 (E7), 26 km

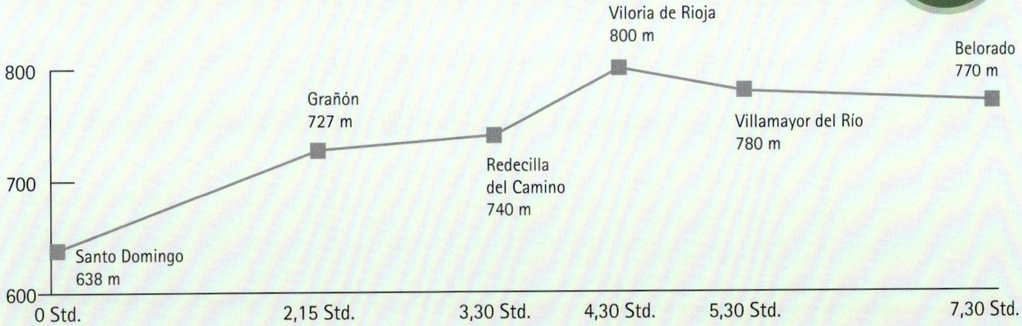

uns kein Abendbrot gab, verlegten wir unseren Treffpunkt auf den Plaza. Unsere Wirtin war entsprechend instruiert und sollte unsere Gäste zu unserem neuen Treffpunkt schicken.

Der Abend verlief jedoch sehr einsam, es kam nur unsere verletzte Pilgerin Anita aus Salzburg. Wir nahmen uns jedoch fest vor, früh ins Bett zu gehen, denn am nächsten Tag warteten auf uns wieder mal fast 30 km Wegstrecke. ««

Sehenswürdigkeiten und Wissenswertes auf dem Weg

Burgruine in Belorado

Belorado: Eine Stadt voller historischer Erinnerungen an den Camino. Eine Burgruine römischen Ursprungs oben am Berg mit weitem Blick ins Tal. 1016 wieder besiedelt mit Sonderrechten durch Alfonso el Batallador.
Kapelle Ntra. Sra. de Belén mit dem Pilgervater San Lázaro, Kirche San Nicolás mit San Caprasio. Er wohnte in einer Höhle unterhalb der Burg als Eremit. Auch in der Kirche San Pedro, 17. Jh., außerhalb der Stadtmauer Santa María la Mayor, 16. Jh, finden wir einen Jakobus-Altar mit ihm als Maurentöter. Bereits hier fühlen wir die Sonne Kastiliens.

Grañon: Alfonso III. el Magno baute eine Burg Ende des 9. Jh., danach entstand die Siedlung. Im 11. Jh. gab es zwei Klöster, San Miguel und Santo Tomé. Die heutige Kirche San Juan Bautista besitzt einen Altar aus dem 16. Jh. Hier gab es auch ein Pilger-Krankenhaus.

Bergab verlassen wir den Ort und bald auch das Rioja-Gebiet und gelangen anschließen in die Provinz Burgos. Der erste Ort ist Redecilla del Camino. In der Kirche Ntra. Sra. de la Calle, 14. Jh., befindet sich ein Taufbecken aus dem 12. Jh., ein Schatz der Romanik. Das Becken stellt Jerusalem dar. Hier gab es auch ein Pilger-Krankenhaus. In Viloria de Rioja, ca. 1 km entfernt, ist Santo Domingo geboren.
Viele Pilger besuchen auch diesen Ort.

In Belorado haben sich berühmte Persönlichkeiten verewigt, indem sie ihren Hand- und Fußabdruck in Zement gedrückt haben. Diese Platten ziehen sich auf dem Weg durch das ganze Dorf

Etappe 8

■ Atapuerca – zu diesem zeitgenössischen Ort gibt es jedoch einiges zu berichten. Als wohl beachtenswertestes Ereignis gilt die Tatsache, dass hier im Jahre 1053 eine große Schlacht zwischen zwei Königsbrüdern stattfand.
Es galt die Vorherrschaft für Nordspanien zu entscheiden. Dies waren einmal Fernando von Leon und Kastilien und Garcia von Navarra. Durch den Sieg von Fernando gewann Kastilien in den darauffolgenden Jahrhunderten an Bedeutung.

Ein weiteres Ereignis prägt die Bedeutsamkeit dieses Ortes bzw. der Gegend. Denn hier wurden im Jahre 1970 Reste von Menschenknochen gefunden, die bereits 800.000 Jahre alt waren und somit noch als Vorgänger des Homo Sapiens (Neandertaler) zu bezeichnen sind. Es ist eine spannende Vorstellung, dass wir alle eventuell aus Atapuerca in Nordspanien stammen.

12. Mai 2012

❞ Heute wurden, wie angesagt, um acht Uhr die ersten Weckrufe von mir an Paul ausgestoßen, jedoch erst beim wiederholten Male hat er diese wahrgenommen. Was für ein Glück, denn in diesem Moment liefen uns zu Ehren bereits unsere Pilgerfreunde unter unserem Fenster vorbei. Paul nahm persönlich diese Prozession durch eine kleine Fensteröffnung im 2. Stock mit den Worten ab, „wir kommen gleich nach!" Nach den notwendigen Vorarbeiten eines Morgens – waschen, kämmen, essen, packen – ging es auf den Weg. Mindestens sieben km wurde unsere Zweisamkeit durch nichts, aber auch durch gar nichts gestört. Unglaublich! Das lag einfach daran, dass auf den ersten sieben Kilometern niemand außer uns anzutreffen war. Aber dann, wie aus heiterem Himmel, war Pauls Praxis plötzlich gefüllt. Pauls Inneres sprach "Gott sei Dank".
Aber nichtsdestotrotz lag die restliche Wegstrecke von knapp 18 km nun noch zur Bearbeitung vor uns.

Damit der Mann mit dem grünen Handtuch ohne große Störung den Praxisbetrieb aufrechterhalten konnte, zog ich mit der wartenden Patientin Gerti, die diese lange Wartezeit nicht mehr auf sich nehmen wollte, von dannen. Es begann ab hier zwar ein langes, aber sehr schönes Teilstück, mal wieder durch einen Wald mit Eichen, Kiefern und Heidelandschaft. Damit uns Paul mit seinem fußkranken Lazarett folgen konnte, gingen wir ebenfalls langsam und legten mehrmals eine Rast ein. Dennoch blieb die gesamte Truppe verschollen. Meine Begleiterin ließ ich in ihrem Quartierort Arges zurück und ging allein in den nächsten Ort Atapuerca, wo unser Quartier, welches bereits gebucht war, auf uns wartete.

Profil Etappe 8 (E8), 29 km

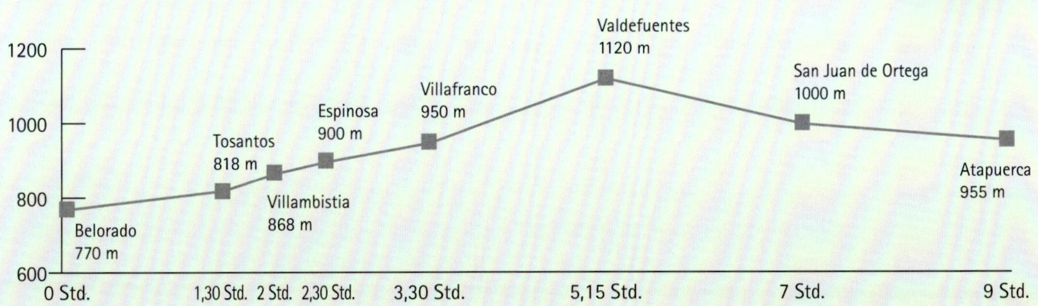

Um nun auch mal von meinen leidenden Füßen zu berichten, hier ein kleiner Bericht, fast zum Ende der kurzen Pilgerreise. Die Füße waren abends doch sehr schwer und nach kurzer Rast auf dem Bett meist schwer wieder in Gang zu bringen, trotz großem Hunger. Wenn da nicht auch das Gläschen Rotwein gewunken hätte, wäre man sicherlich das ein oder andere Mal im Bett geblieben.

Jedoch am nächsten Morgen ging es zwar immer etwas holprig los, bis dann nach ein bis zwei km alles wieder geschmeidig voran ging. Gestern Abend habe ich meine erste Blase auf- beziehungsweise abgeschnitten und musste am folgenden Morgen feststellen, dass es noch eine zweite am Nachbarzeh gab, welche für meinen letzten Gang versorgt werden musste. ❝

Sehenswürdigkeiten und Wissenswertes auf dem Weg

Tosantos: Rechts am Berg liegt die Kapelle Ntra. Sra. de la Peña. Auch hier gab es ein Pilger-Krankenhaus neben der Kirche San Esteban. Nach Espinosa del Camino sehen wir die Reste des Klosters San Felices. Hier war der Gründer der Stadt Burgos begraben.

Nach Überquerung des Flusses Oca erreicht man Villafranca de Montes de Oca. Der Name Oca kommt von den Römern und der Vorname Villafranca von den wiederbesiedelten Franken (Franzosen). Es war die Hauptstadt der Diozöse Oca, gegründet von Indalecio, ein Jünger Jacobus. Erste Eintragungen stammen von 589. Zerstört durch die Araber 1075 wurde sie Burgos zugesprochen. Die Kirche Santiago, 18. Jh., beherbergt zwei Jakobus-Darstellungen und ein Taufbecken, erarbeitet aus einer riesigen Muschel von den Philippinen. 1380 wurde ein Hospital von der Königin Juana Manuel gestiftet. Die Bewohner nennen es Krankenhaus der Königin. Zwei Kilometer von der Stadt entfernt befindet sich die Kapelle Ntra. Sra. de Oca. Hinter ihr ist ein tiefer Brunnen mit klarem Quellwasser – San Indalecio – wo der Heilige seinem Martyrium erlag. Nach Verlassen des Ortes Villafranca begann der gefährliche Abschnitt über die Montes de la Oca mit einer Höhe von 1.150 m. Früher war dies der härteste Abschnitt des Weges, wegen der Höhe, der Dichte des Waldes, der Kälte, der Entfernung, der Wölfe und Räuber. Heute ist man entzückt über die wunderbare Sicht mit herrlichem Eichenwald und seltenen Blumen. Laut Codex Calixtinus geschah hier eines der vielen Wunder des Caminos: die Wiederbelebung eines jungen Pilgers auf dem Weg nach Santiago. Vorbei am Gefallenen-Denkmal und der Kapelle Val de Fuentes erreichen wir das Kloster San Juan de Ortega mit der fabelhaften alten Kirche. Hier befindet sich das Grab des San Juan mit historischen Säulen und der Darstellung der Geburt Jesu. Ortega selbst war ein Schüler von Santo Domingo de la Calzada. Er war erst Priester, dann Brückenbauer, Ingenieur und Architekt. Es werden ihm die Brücken von Logroño, Nájera, Santo Domingo, Agés und der Weg bis Atapuerca zugeschrieben.

Etappe 9

■ Zu Burgos, der Hauptstadt und Königsresidenz von Kastilien, welche aus dem achten Jahrhundert stammt und unser diesjähriges Etappenziel war, lässt sich natürlich einiges sagen. Wie zum einen die Kathedrale selber, welche von einem Dutzend kleineren Kapellen umgeben ist, so wie die Museen und Klöster. Burgos zählte bereits im Mittelalter zu einem wichtigen Rastlager für Jakobspilger. So gab es bereits im 15. Jahrhundert 30 Refugien (Herbergen) und Hospitäler.

13. Mai 2012

» Unser letztes Stück Weg lag nun vor uns, und die ersten Schritte aus dem Bett ins Bad mussten für einen Beobachter aussehen, als würde ich gerade über glühende Kohlen laufen. Grund war vielleicht der Traum der vergangenen Nacht, als ich auf dem historischen Schlachtfeld von Atapuerca stand, denn hier vor Ort wurde eine große Schlacht ausgetragen, welche Spanien später politisch geformt hat.

Unsere letzte Herberge, ein Hotel, war ganz nett und wir hatten die Möglichkeit genutzt, die im gleichen Haus angesiedelte Pilgerherberge zu besichtigen. Ich sagte nur "Nein Danke", das wäre mir persönlich zuviel des Guten. Jetzt verstehe ich auch, dass unsere Pilgerfreunde hier und da davon sprachen, sich in dem ein oder anderen Ort mal eine Belohnung zu geben, in Form einer Pension oder – wenn es mal etwas ganz Besonderes sein sollte – auch mal ein Hotel.

Als wir uns heute Morgen um neun Uhr zum Frühstück begaben, war alles noch dunkel. Wir erlaubten uns das Stromnetz in Betrieb zu nehmen. Da wir die Relaisschaltung jedoch nicht begriffen, erlaubten wir uns die Bühnenbeleuchtung einzuschalten. Diese war jedoch nicht von langer Dauer, denn unsere Hotelmanagerin Signora „Donnerschlag" wies uns mit spanischem Trommelfeuer in unsere Schranken und reduzierte das Licht auf Sparflamme. Dies

Profil Etappe 9 (E9), 24 km

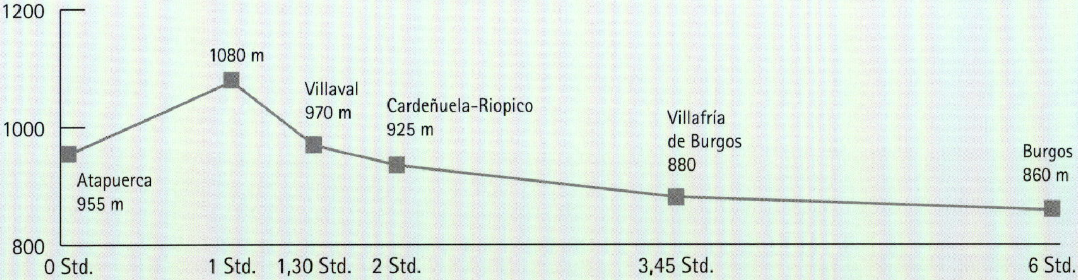

kam dem spartanisch vorhandenen Frühstücksbuffet sehr entgegen. Es bestand lediglich aus einem halben vertrockneten Baguette, Marmelade sowie einer schwarzen Brühe, die Kaffee sein sollte, und ein Orangensaft, der sich bereits in der Gärung befand. Paul meinte nur, hoffentlich führt das bei dir nicht zu einem Verdauungsmalheur. Nach kurzem Aufenthalt in dieser reizenden Umgebung wurden die Schnürsenkel nochmals nachgezogen. Nichts wie raus in die Natur!

Zunächst wieder durch Felder, Weideland mit Schafsherden, dann bergauf durch mehr als steiniges Gelände, bis auf die Hochebene des Matagrande. Von dort konnte man bereits in der Ferne unser heutiges und zugleich letztes Tagesziel unseres Weges erkennen – die Stadt „Burgos". An diesem Hochpunkt steht ein gewaltiges Holzkreuz, um dessen Mittelpunkt eine von Pilgern angelegte spiralförmige Steinansammlung jeden Tag vergrößert wird. So steinig wie begonnen, ging es auch bergab, wobei dies noch der schönste Teil der Etappe war. Ein letzter Steintempel zum Ende unserer Reise für Rainer. Der Rest war körperlich

wie augenscheinlich, grausam. Zunächst nur Teerstraße, dann vorbei am Zaun des regionalen Flughafens von Burgos, anschließend durch Industriegebiete mit nachfolgend alten Wohngebieten mit fast zerfallenen Gebäuden, in welchen noch Menschen wohnten. Dann die ersten Neubaugebiete. Die Wegstrecke zu unserem Hotel wollte nicht enden. An diesem Tag war ich völlig am Ende. Meine Beine und Füße streikten fast unter mir. Endlich im Hotel angekommen, gönnte ich mir ein heißes Bad und Bettruhe. Eine Fußmassage von Paul ermöglichte mir für unsere letzte Verabredung nochmals die Schuhe anzuziehen. Denn heute war eine große Verabschiedung von uns angesagt. Unsere gesamten Pilgerfreunde hatten sich speziell wegen uns in einem Hotel in Burgos einquartiert, denn das war für sie eine besondere Belohnung wert. Ohne große Suche fanden wir uns mitten in der Stadt. Anschließend wurden die nächsten Stunden zusammen gefeiert, erzählt, gelacht – und gute Wünsche für die Zukunft verteilt.

Es sieht so aus, als sei in den letzten Tagen eine besondere Freundschaft gewachsen zwischen Wien, Salzburg, Dortmund, Augsburg, Kaisersesch, Soelsiefen und Bielstein. Es wurden noch kurz E-Mail-Adressen ausgetauscht, umarmt und eine weitere gute Wegstrecke gewünscht. Paul und ich hatten das Gefühl, dass es allen sehr leid tat, sie nicht weiter begleiteten zu können. Wobei ich mir nicht sicher bin, ob dies an dem Typen mit dem grünen Handtuch oder an mir oder an uns zusammen lag. Sie hatten mit Burgos ca. 1/3 ihres Weges erreicht und sicherlich noch viel Spannendes und Strapaziöses vor sich. Sie versprachen durchzuhalten!

Ich für meine Person war jedoch froh, meine eigene Messlatte zum Weg richtig eingeschätzt zu haben. Meine Fußsohlen, wie auch das linke Sprunggelenk bestätigten mir dies. **“**

Sehenswürdigkeiten und Wissenswertes auf dem Weg

Burgos: Entstanden aus Verteidigungsgründen und gegründet 884 auf Befehl von König Alfonso III. de Asturias. Die Kathedrale Santa Maria, gebaut durch Hans von Köln, im gotischen Stil, ist Kulturerbe der Menschheit. Baubeginn 1221 durch König Fernando III. el Santo und Bischof Mauricio, eine der heiligsten und schönsten Kathedralen Spaniens. Nennenswert sind ihre vier Tore Santa Maria, Sarmental, Coronería und Pellejería, in platereskem Stil von 1516. Im Inneren befindet sich das Grab des berühmten Cid und seiner Frau. Teil der Kathedrale ist heute die Kirche, die man als Pilger jederzeit besuchen kann, ein Teil ist ein Museum mit Malereien berühmter Künstler aus der ganzen Welt. Man gelangt in die Stadt durch den Arco de Santa Maria, der bis heute gut erhalten ist. Wir verlassen Burgos und erreichen am Stadtrand das Hospital del Rei. Es wurde 1195 durch den König von Kastilien gegründet. Man sieht das Tor des Pilgers mit Bilderszenen und der Darstellung Jakobus. Drei Kilometer entfernt von Burgos befindet sich La Cartija de Miraflores, ein bis heute bewohntes Kloster. Das königliche Panteon Real wurde in Auftrag gegeben von Juan II. aus Kastilien. Die Bruderschaft der Kartuscha-Brüder lebt dort. Gil de Siloé schaffte den großartigsten Hochaltar, den man bis heute bewundern kann. Juan II. und seine Frau sind direkt vor dem Altar begraben. Der Enfante Don Alfonso besitzt ein Grab aus Alabaster.

Fazit – ein Stück Weg 2012

- Ein holpriger Einstieg
- Ein besonderes Erlebnis
- Schöne und saubere Städte/Orte
- Nette Menschen
- Gute Gespräche
- Erfahrungen und Erkenntnisse über mich selber
- Macht des Gebetes
- Neue Perspektiven
- Guter Wein
- Großartige Landschaften
- Monokultur
- Urwüchsigkeit
- Stille
- Gute Infrastruktur auch in der Provinz
- Ein neues Stück Weg wird sicherlich irgendwann beginnen

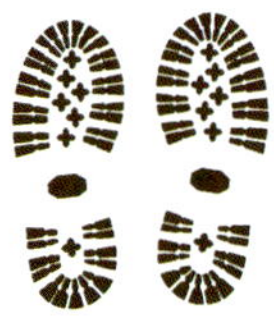

Vorbemerkung 2013

Bevor ich nun fast ein Jahr später mit dem zweiten Teilstück meines Weges nach Santiago de Compostela beginne, möchte ich nochmal kurz von der Zeit dazwischen berichten:

Als wir uns im letzten Jahr in Burgos von unseren Pilgerfreunden verabschiedet hatten, waren sie noch lange in unserer Erinnerung. So erfreute uns ihr Telefonanruf, dass auch sie nach weiteren 28 Pilgertagen das Ziel Santiago de Compostela gesund und munter erreicht hatten. Wir waren so stolz, dass auch sie ihr Ziel erreicht hatten, dass wir dieses Ereignis all unseren Pilgerfreunden und Pilgerbekannten mitteilen mussten. Paul hatte auch nach unserer Pilgerzeit weiterhin regen Emailkontakt mit Sabine, Anita, Gerti, Jutta und Josef.

Sabine aus Dortmund hatte in der kurzen gemeinsamen Pilgerzeit so viel Vertrauen zum Mann mit dem grünen Handtuch gewonnen, dass sie ihre Tochter zu ihm in die Praxis brachte und dort behandeln ließ. Bei dieser Gelegenheit traf auch ich Sabine wieder und sie berichtete uns über ihre restliche Wegstrecke von 500 km. Es war sehr spannend und die Fülle von Bildern mit beeindruckenden Szenen machten uns sofort wieder Lust zum Aufbruch. Auch über eine andere Begebenheit unseres ersten Teilstückes, welches wir im letzten Jahr kurz vor unserem Ziel in Logroño erlebt hatten, sprachen wir. Wie bereites im 1. Teil meines Tagebuches berichtet, trafen wir dort auf ein junges polnisches Ehepaar, welches auf dem Rückweg von Santiago de Compostela nach Warschau war und nun noch ca. 2600 km Rückweg vor sich hatte. Was daran äußerst ungewöhnlich war und uns enormen Respekt abverlangte, war die Tatsache, dass sie hochschwanger war. Einige Wochen nach unserer Rückkehr in die Heimat war in unserer Tageszeitung ein großer Bericht mit Foto eines Pilgerehepaares zu sehen. Die Frau hatte ihr Kind gesund zur Welt gebracht und das nur ca. 60 km von uns entfernt. Welch ein Zufall. Wir versuchten umgehend ihre Kontaktadresse ausfindig zu machen, um ihnen zu gratulieren und ein kleines Präsent zur Geburt in Form eines kleinen Oboluses sowie mein mittlerweile erstes gedrucktes Tagebuch zukommen zu lassen. Leider erhielten wir keine Rückmeldung, was an der Sprachbarriere und den aufregenden Tagen nach der Geburt gelegen haben mag.

Aber die Vergangenheit unseres ersten Pilgertrips war noch nicht erledigt. Durch ständigen Emailverkehr zwischen uns Pilgern blieb die Erinnerung des gemeinsam Erlebten noch lange Bestandteil unseres „Lebens danach“ und wir verabredeten für 2012, uns in Nürnberg zu treffen. Leider war Paul verhindert und daher nicht mit von der Partie. Wir verbrachten zwei

wunderbare Tage miteinander und mit unseren Erinnerungen. Wie es sich für ein fröhliches Beisammensein gehört, standen natürlich auch kulinarische und touristische Leckerbissen der Stadt auf der Agenda. Es war ein wunderbares Wiedersehen. Wie unter alten Freunden. Zum Abschied waren alle etwas traurig, denn allen war klar, dass sich eine weitere Camino-Tour in dieser Konstellation sicherlich nur äußerst schwer organisieren lassen würde. Aber sie freuten sich dennoch für Paul und mich, dass wir das Ziel Santiago de Compostela immer noch vor Augen hatten und den Camino zu zweit beenden wollten.
Bevor ich nun zu meinem Bericht des zweiten Teils komme, möchte ich nochmals kurz ein paar persönliche Erlebnisse meines Freundes Paul - der mit dem grünen Handtuch - vom ersten Teilstück berichten. Bereits in der ersten Nacht vor der ersten Tagestour ab Pamplona erzählte mir Paul von einem persönlichen Erlebnis in der Nacht. Es klingt zwar etwas unwahrscheinlich, jedoch ließ Paul sich nicht davon abbringen. Nach seiner Erzählung ist folgendes passiert: Er wachte in der Nacht plötzlich auf und im Restlicht der nächtlichen Straßenbeleuchtung sah er im Zimmerspiegel eine alte gut gekleidete Frau, welche in ihrer Hand eine Tasche hielt. Paul sagte, er wollte gerade losschreien, als sie ihre Finger an ihren Mund hielt und lächelte - er schlief gleich darauf wieder ein. Am nächsten Morgen teilte er mir ganz nebenbei mit, dass wir einen guten und gesegneten Weg vor uns hätten und der Grund sei eine stille Begleiterin, die auf uns aufpasse. Nachdem wir dann in Pamplona gestartet waren und die erste Rast beendet war, sagte ich zu Paul: „Geh Du mal vor - ich verstecke mich mal". Daraufhin er: „Was soll das?" Ich erklärte ihm, dass ich überprüfen wolle, ob die alte Frau von letzter Nacht uns folgt. Paul fand das allerdings gar nicht amüsant und schmollte.

Seit zwei Tagen beobachtete Paul, dass ich bereits seit dem ersten Tag jeden Tag einen Steintempel gesetzt hatte und tat es mir gleich, ohne jedoch den Sinn zu verstehen. Er dachte wohl, was seine Majestät (so werde ich heimlich von ihm und den anderen Pilgern genannt) da macht, werde wohl eine tiefere Bedeutung haben, welche er früher oder später wohl verstehen werde.

Ein weiteres Erlebnis gab es für Paul am siebten Tag unseres Weges, welcher uns von Santo Domingo nach Belorado führte. Beim Ausmarsch aus der Stadt fiel ihm ein kleiner, sich mit hüpfenden Bewegungen aus der Stadt entfernender Pilger ins Auge. Sofort ging er alle möglichen Krankheitsbilder im Kopf durch, welche den hüpfenden Mann wohl quälten und wie er ihm wohl helfen könne. Das war so offensichtlich, dass es auch mir nicht verborgen blieb. Da mir bekannt war, was sich meistens daraus entwickelte, versuchte ich Paul davon abzulenken, damit nicht auch dieser Tag für mich ein einsamer Wandertag würde. Pauls Berufung und mein Albtraum ließen sich jedoch nicht vereinigen. So wurde unser Abstand größer und größer und der zu seinem Patienten kürzer und kürzer. Er ließ sich langsam zurückfallen, bis dass er zuschlagen konnte. Am späten Nachmittag erzählte mir Paul überglücklich von seinem heutigen Patienten, dem hüpfenden und singenden Kanadier. Der Preis für die Physiotherapiebehandlung mit gleichzeitigem Gepäcktransfer bis zur nächsten Unterkunft wurde von seinem Patienten mit dem Song „West Virginia Mountain Mama" von John Denver bezahlt. Paul schwärmte noch tagelang von der tollen Stimme des Patienten.

Nun noch kurz ein letzter Bericht über Pauls Erlebnisse am 9. Caminotag von Atapuerca nach Burgos. Zunächst musste ein steiler und steiniger Aufstieg genommen werden, an dessen Hochpunkt wir jedoch mit einer malerischen Aussicht belohnt wurden. Hier befand sich ein riesiges Kreuz, um das andere Pilger vermutlich schon seit hunderten von Jahren spiralförmige, handtellergroße, aber auch kleinere Steine im Abstand von ca. 10 bis 20 cm abgelegt hatten. Diese Formation ist mittlerweile im Durchmesser so gewaltig, dass sie selbst bei Google Earth aus der Luft zu erkennen ist. Auch wir wollten hier nicht außen vorbleiben und setzten unseren persönlichen Stein in Gedenken an die bereits zurückgelegte erste Wegstrecke, die in Burgos zunächst endete.

Anreise 2013

12. April 2013

Endlich ist der Tag gekommen, auf den Paul und ich so sehnlichst gewartet haben. Wir hatten das Glück, uns fast ein ganzes Jahr darauf freuen zu dürfen.

Aber es wurde auch Zeit, denn von unserer Gelassenheit des letzten Caminos war nichts, aber auch gar nichts mehr übrig, außer den schönen Erinnerungen und die Vorfreude auf das zweite Teilstück. Ein weiteres Stück Weg, welches wir auf dem Camino gehen dürfen. Wie bereits einleitend erwähnt, werden wir von unseren alten, lieben Pilgerfreunden darum beneidet, aber ich bin mir sicher, die Freude überwiegt.

Am heutigen Tag starteten wir um 9.00 Uhr in Wiehl, dann ging es zum Flughafen Düsseldorf und von dort per Flieger nach Bilbao. Bei der Ankunft wurden wir bereits durch die angenehmen Temperaturen und die fortgeschrittene Vegetation überrascht. Die Natur war bereits in Frühlingsstimmung, was sich durch hellgrünes Blattwerk und blühende Obstbäume zeigte. Als erfahrene Pilger waren uns die Transferverbindungen nach Bilbao City und weiter nach Burgos ja bereits bekannt und wir erreichten um ca. 20.45 Uhr unser Ausgangsziel Burgos, wo wir in einem 4-Sterne-Hotel untergebracht waren. Selbstverständlich hatten wir keine Zeit zu verschenken und suchten somit die Stellen unserer letzten Erinnerung des Vorjahres auf. Um 24.00 Uhr war dann Bettruhe angesagt und wir waren gespannt auf den nächsten Tag, der als Entschleunigungstherapie gedacht war.

13. April 2013

Es war wie ein Wunder. Wir wurden pünktlich nach 12 Stunden Schlaf wach. Wie man durchaus vermuten kann, war diese Erholungsphase ein wichtiger Schritt zur Entschleunigung.

Zunächst bestand unsere Aufgabe darin, unserem geschundenen Körper den notwendigen leiblichen Treibstoff zuzuführen. Wie man sich vorstellen darf, war dies zu diesem Zeitpunkt im Frühstücksraum unseres Hotels nicht mehr möglich. Kurzer Hand wurde der kürzeste Weg zu einem kleinen Frühstücksrestaurant gesucht und aufgetankt. Daraufhin folgte bei herrlichstem Sonnenschein und gefühlten 20° C ein gemütlicher Rundgang durch die malerischen Gassen Burgos sowie auf dem Promenadenweg am Fluss. Es war einmalig entspannend und erholsam nach den langen Tagen des Winters in der Heimat, so dass wir erst um 22.00 Uhr das Hotel zur Nachtruhe wieder aufsuchten. Was in der Zeit dazwischen lag, bestand aus netten Gesprächen mit neuen Pilgerbekanntschaften wie z.B. Inja, einer Pferdewirtin aus Oldenburg, sowie ganz persönlichen Gesprächen zwischen Paul und mir, die zum Teil so tiefgreifend waren, dass sie weder in diesem Buch noch irgendwo anders jemals zur Sprache kommen werden.

Darum sagen wir an dieser Stelle „Gute Nacht" an all diejenigen, die vielleicht irgendwann in den Besitz unserer Tagebuchaufzeichnungen gelangen.

ALBERGUE
Camino de Santiago
Logroño
Camino
Santiago

Etappe 10

Zu unserem heutigen Zielort gibt es nichts zu sagen, da er wie viele andere kleinere Pilgerorte am Weg liegt und den Pilgern außer einer einfachen Unterkunft (Alberge) und einer Kirche nicht viel zu bieten hat. Das führte ja im Übrigen auch dazu, dass für uns (Luxuspilger) hier keine Bleibe war, wie man im Tagesbericht lesen kann. Darum benutze ich diesen Teil des Berichtes, um etwas Geschichtliches zu Spanien und dem Jakobsweg einzuführen.

Spanien wurde während des 8. Jahrhunderts von diversen kleineren Königshäusern und Fürstentümern regiert, welche untereinander in starker Konkurrenz standen. So hatten die muslimisch geprägten Mauren ein Leichtes, von Afrika über Gibraltar Spanien Richtung Norden zu erobern und zu bevölkern. Der Norden selber blieb weitestgehend von den Mauren verschont, da das Klima und die Unwegsamkeit der Region dem entgegenstanden.
Aus diesem Grunde wuchs auch von hier aus die Gegenwehr, in dem sich kleinere Königs- und Fürstentümer für immer zusammenschlossen und die Mauren bekämpften. Dadurch, dass bereits im 9. Jahrhundert die Pilgerei zum Grab des heiligen Jakobs einsetzte, mussten die christlich geführten Reiche gegen die Ungläubigen und muslimische Eindringlinge geschützt werden. Somit war eine gemeinsame Aufgabe gefunden, sich zusammen zu schließen und die Mauren zurück zu treiben. Die gemeinsame Findung aller konkurierender Fürstentümer und sogar Portugal dauerte bis ins 13. Jahrhundert. Ab da starteten die christlich geführten Länder Spanien und Portugal auch die Eroberung der Weltmeere und neuer Erdteile mit gleichzeitiger Christianisierung derselben.

14. April 2013

» Obwohl wir gestern verhältnismäßig spät ins Bett gefunden hatten, war meine Nacht um ca. 03.00 Uhr bereits zu Ende. Dafür könnte es verschiedene Gründe geben. Lag es an den sich ständig wiederholenden kläglichen Schlafgeräuschen eines einen halben Meter neben mir liegenden Ungetüms, oder lag es an den intensiven persönlichen Gesprächen mit dem besagten Ungetüm vom Vorabend. Gleich was es auch war, am Morgen war ich mächtig gerädert und freute mich auf ein stärkendes Frühstück. Mein Wunsch ging in Erfüllung. Nach einem wirklich guten Frühstück im Hotel stand unserer ersten Caminoetappe des zweiten Teilstücks nichts mehr im Wege. Zwischen 9.00 Uhr und 9.30 Uhr verließen Paul und ich getrennt das Hotel mit dem ersten Etappenziel Hornillos del Camino vor Augen. Hier sei gesagt, das getrennte Laufen lag nicht an der unruhigen Nacht und einer daraus resultierenden Verstimmung, sondern wir mussten zunächst unser eigenes Tempo finden und das klappt nun mal am besten, wenn man

Profil Etappe 10 (E10), 20 km

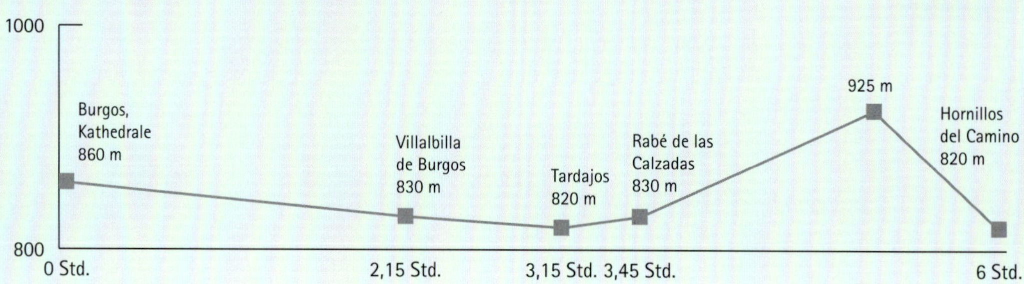

alleine läuft. Wie dem auch sei, es war ein wunderschöner sonniger Tag mit angenehmen morgendlichen Temperaturen um 18° C.
Es ging durch die Altstadt von Burgos vorbei an der Kathedrale und wie jeden Tag in Richtung Westen. Zum Glück war der Ausmarsch nicht so öde und abstoßend wie der Einmarsch vor einem Jahr, als wir nur durch heruntergekommene Gewerbe- und Wohngebiete gelaufen waren und selten einen wohnenswerten Stadtteil gesehen hatten. Jetzt ging es hauptsächlich durch schön angelegte Grünflächen, Neubaugebiete und die nicht enden wollenden Getreidefelder. Die ersehnte Entspannungszone mit frischer Luft und Vogelgezwitscher war endlich wieder erreicht. Was war denn das? Nur ein paar Gewehrfeuersalven, vermutlich eines nahegelegenen Militär-Schießstandes, unterbrachen ab und zu diese Stille. Zwischen Paul und mir gab es bis dato noch keinen Sichtkontakt, aber die Gewissheit „man sieht sich" begleitete meine Gedanken. Nach einer kurzen Mittagsrast ging es dann weiter durch hügeliges Gelände, welches ab und zu einen Blick in die Ferne zuließ. Hier traf ich auch Paul wieder, der sichtlich vertieft in seine Gedanken daherschlich. Plötzlich kam uns auf der holprigen Wegstrecke ein Geländewagen entgegen. Paul lüftete vor Freude seinen Hut und seine Freundlichkeit wurde prompt belohnt. Der Fahrer hielt an, stieg aus und begrüßte Paul wie einen alten Freund. Nach kurzem Geplänkel auf spanisch griff der Fahrer auf die Ladefläche und schenkte Paul eine Flasche Wein. Paul war darüber so verblüfft, dass er ihn gleich nach einer zweiten Flasche für mich fragte. Auch die reichte er raus und fuhr dann eiligst von dannen, bevor er noch den restlichen Wein auf der Ladefläche an die beiden Pilger verlor. Auf dem Weg ins Tal zu unserem Zielort Hornillos beschloss ich, dass hier an diesem Aussichtspunkt mein erster Steintempel für meine Frau Martina entstehen sollte. Es war mir ein Bedürfnis, den Tempel an diesem Ort, der für mich Weitblick und Zukunft signalisierte, zu errichten.

Nach einem kurzen Abstieg erreichten wir unseren Zielort. Da unser Tourveranstalter in diesem Ort keine Unterkunft bereitstellen konnte, sollten wir zwischen 15.00-17.00 Uhr auf dem Dorfplatz an der Kirche warten. Es hieß in unseren Reiseunterlagen, dass wir um 17.00 Uhr abgeholt würden. Pünktlich auf die Minute fuhr dann unser Taxi vor. Ein freundlicher junger Mann stieg aus und zeigte auf dem Display seines iPADs den Namen Eberhard Klein. Erfreut stellten wir fest, dass der Tourveranstalter, der nur für Unterkunft und Transfer zuständig war, seinen Job bestens verstand. Kurzer Hand wurde das Gepäck verladen und es ging ein letztes Mal in die Zivilisation der Provinzstadt Burgos zurück.

Es war schon deprimierend, wie schnell unser anstrengender 6 Stunden Marsch dahinfloss. In knapp 30 Minuten standen wir wieder vor unserem Hotel. Schnell und unkompliziert wurde mit Händen, Füßen und unseren famosen Spanisch-, Englisch- und Deutschkenntnissen unterstützt, eine Verabredung für den nächsten Morgen um Punkt 9.00 Uhr vereinbart. Für uns gab es keinen Zweifel, dass dieses „Spanenglideutschhandfuss" drei neue Anwender gewonnen hatte. Nachdem wir uns dann wieder stadtfein gemacht hatten, ging es zielstrebig zum Pilgermenü, das wir uns redlich verdient hatten und es entsprechend genossen. Aber wie am Vorabend ging es auch heute ohne großen Absacker ins Nest. ❛❛

Etappe 11

Auf diesem Stück Weg, welches überwiegend durch unendliche Weizenfelder führt und auf der Hochebene der Meseta liegt, führt der Weg auch über nahezu originalen Pilgerwegen, die nicht auf Grund von Neu- oder Umgehungsstraßen verlegt wurden. Die Felder sind von unendlich vielen Steinwällen gesäumt, in denen sich die Natur ein kleines Refugium von Sträuchern, Pflanzen und Tierwelt erhalten hat. Ansonsten wäre die Natur, dank der jährlichen Chemiekeulen für die Getreidefelder, längst ausgerottet.

Irgendwann führt uns der Weg mitten durch eine Klosterruine. Es sieht so aus, als hätte man für die Straße absichtlich ein Teil des Kirchenschiffes abgerissen. Das Kloster San Anton wurde im 12. Jahrhundert durch französische Mönche geführt, die sich um die Lepra-Kranken und hungrigen Pilger kümmerten. Nachdem wir das Kloster durchschritten hatten, tat sich wieder ein herrlicher Fernblick auf, mit Sicht auf eine Burgruine, welche ihre Fundamente aus römischer Zeit nachweist und auf einer extrem steil aufsteigenden Bergkuppe liegt. Unter ihr am Hang liegt unser heutiges Etappenziel Castrojeriz. Dieser kleine Ort, mit seinen ca. 1000 Einwohnern, war bereits um 970 mit eigener Gerichtsbarkeit ausgestattet und hatte schon vier Pilgerhospitale, die sich um die Lepra-Kranken kümmerten.

15. April 2013

„ Heute waren wir wegen unserer verabredeten Transferverbindung etwas früher auf den Beinen. Pünktlich um 8.59 Uhr standen wir am Hotelempfang und auch unser spanischer Fahrer war schon da. Obwohl der Empfang ihm mitgeteilt hatte, dass kein Taxi bestellt worden sei, ließ er sich nicht beirren und wartete auf uns. Mit Erfolg. Es ging wieder Ruckzuck an unseren Ausgangsort Hornillos, wo wir gestern unseren ersten Caminotag beendet hatten.

Damit das klar ist: wir haben uns keinen Meter nach vorne geschummelt. Wir sind schließlich Ehrenmänner! Nach kurzem Aufenthalt und Stempelsuche für unseren Pass, ging es dann wohlgemut weiter. Heute hieß unser Ziel Castrojeriz, das ca. 21 km entfernt lag. Wieder einmal ging es durch leicht hügeliges Gelände und ca. 12 km durch pure Weizenfelder. Allein der Gedanke, hier im Sommer bei über 30° C laufen zu müssen, ließ mir den Schweiß aus

Burgruine und Kloster von Castrojeriz

jeder Pore laufen. Es muss der helle Wahnsinn sein, denn es gibt weit und breit keinen Baum oder Strauch, der Schatten spenden könnte. Auf einer Hochebene entdeckte ich dennoch einige Büsche sowie von Bauern abgelegte Steinhaufen. Eine perfekte Grundlage für einen gemeinsamen ausdrucksstarken Steintempel mit Paul, der für unsere Lieben zu Hause errichtet werden sollte. Paul lief ca. 500 m hinter mir und ich rief ihn ungeduldig zu unserem Baugrundstück. Diesen Bau konnten wir nur mit vier kräftigen Händen errichten, denn es sollte eine majestätische Krone geben, die mindestens 70 kg wog. Dieser Tempel wird weit sichtbar vom nahe gelegenen Pilgerpfad zu erkennen sein und vielleicht so manchen vorbeigehenden Pilger erfreuen.

Danach ging es abwärts nach Hontanas. Nach einer kurzen Rast an diesem malerischen Ort ging es nochmals leicht abwärts zu unserem heutigen Etappenziel Castrojeriz.

Das Ziel war bereits in der Ferne durch eine große Ruine auf einer sehr steilen Bergkuppe auszumachen. Wie in jedem Ort sieht man nachmittags auch hier auf den Straßen nur Pilger, die ihre Unterkunft für die Nacht suchen. Angekommen in unserem 3-Sterne-Haus wurde nach dem Frischmachen erst einmal ein Nickerchen gehalten. Kurz darauf trieb uns jedoch der Durst und Hunger wieder aus unseren Betten. Zunächst zischten wir ein paar Bier mit einem deutschen Pilgerpärchen, das Paul bereits am Vortag in Hornillos beim Verzehr seiner geschenkten Flasche Wein kennen gelernt hatte. Zum Abendessen schlossen wir uns den Beiden an, denn sie hatten bereits am Tage ein Restaurant ausfindig gemacht, wo es ein verlockendes Dreigänge-Pilgermenü inklusive einer Flasche Wein für 10.- Euro gab.

Beim gemeinsamen Abendessen wurde über alles mögliche gesprochen, auch über den persönlichen Grund, den Jakobsweg zu gehen. Etwas überrascht waren wir, als wir pünktlich um 22 Uhr ohne Vorankündigung aus dem Restaurant rausgeschmissen wurden, da Feierabend war. Aber ich hatte in den

Profil Etappe 11 (E11), 21 km

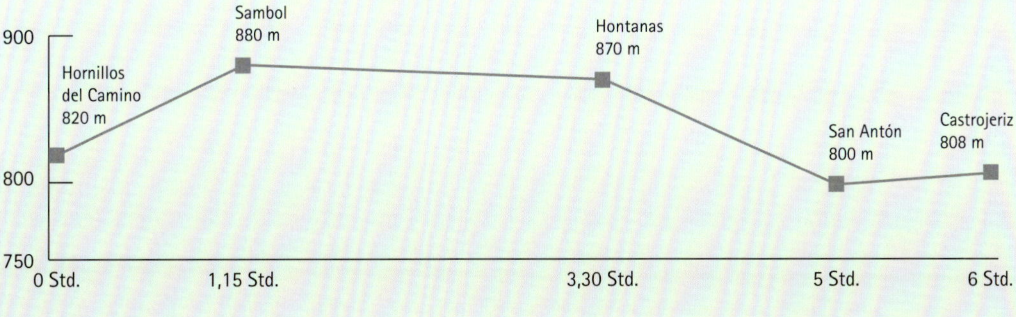

letzten Tagen noch nichts in mein Tagebuch geschrieben und so beschlossen Paul und ich beim Verzehr der noch vorhandenen zweiten Flasche Wein, dies in der Hotellobby nachzuholen. Nachdem die Flasche Wein geleert war, hatten wir die nötige Bettreife erreicht und fielen in die Federn.

Unsere Freude über den gelungenen und die Vorfreude auf den kommenden Tag ließen uns schnell einschlafen. “

Sehenswürdigkeiten und Wissenswertes auf dem Weg

Hontanas: Hier wurden die Pilger gewarnt, nicht zu früh den Ort zu verlassen, bis die Hirten mit den Schäferhunden die Wolfsrudel vertrieben hatten, deren Gejaule die ganze Nacht zu hören war. 2 km vor Castrojeriz war die Ruine des Klosters San Antón, 1095 gegründet. Alfons VII. brachte die Mönche San Antonio Abad hierher. Ihre besondere Fähigkeit war, die ansteckende Krankheit Feuerbrand zu heilen. Die Antonianos heilten, indem sie amputierten, wenn es nötig war. Sie sind bis heute mit dem Buchstaben „T" für (tau) in ganz Europa bekannt.

Das Kloster San Antón auf dem Weg zwischen Hontanas und Castrojeriz

Castrojeriz (unter den deutschen Pilgern Castell Fritz genannt, wegen des schwierigen Namens): Über das ganze Tal wacht die beeindruckende Burg Castrum Sigerici. Wegen ihrer strategisch wichtigen Position war sie Austragungsort großer Kämpfe zwischen Arabern und Christen. 1131 besetzte sie der Imperator von León und warf die Aragoneses raus.

Unterhalb der Burg entstand dann die Siedlung mit der monumentalen Kirche Ntra. Sra. del Manzano, über einer Ruine aus dem 9. Jh. Hier fällt der römische Bogen auf. Innen sieht man die Marienstatue Manzano, von Alfonso el Savio (der Weise), in seinen Cantigas oft besungen. Königin Leonor von Aragón und eine große Anzahl von Adligen sind dort begraben. Auch hier gibt es die Calle Major durch die ganze Stadt. Bis heute findet man Paläste und viele weitere Zeichen des Weges. Kirchen und Krankenhäuser wurden immer an diese Straßen gebaut, bis ins 19. Jh. In der Pfarrkirche Santo Domingo findet man Wandteppiche von Rubens. Die Kirche San Juan ist gotisch und hat einen Kreuzgang, auch in diesem Stil.

Viele andere Kirchen und Klöster sind heute verschwunden und die Stadtmauer auch. Die Kreuzritter von Santiago waren viele Jahre anwesend und halfen den Pilgern.

Etappe 12

Frómista – zu diesem Ort kann man den durchfließenden Canale des Castilla benennen, der sich über 200 km bis hin zum Atlantik erstreckt. Über diesen Kanal wurde das Korn verschifft, zudem diente er der Bewässerung der Felder und auch für die Wassermühlen war er von großer Bedeutung. Der riesige Kornspeicher des Ortes ist weit über das flache Land sichtbar. Ansonsten bleiben nur die nicht enden wollenden Kornfelder dieses Landstriches als Besonderheit zu erwähnen.

16. April 2013

» Am heutigen Tag bin ich einmal vor Paul um 9:30 Uhr gestartet, wohlwissend, dass heute 26 km zu bezwingen sind. Es zeichnete sich bereits ein schöner Sonnentag mit nur geringer Bewölkung ab. Zunächst ging es vom Ortszentrum bergab bis über einen kleinen Fluss. Von hier konnte nun der weiterführende Camino von den hier zusammenlaufenden übrigen Wirtschaftswegen unterschieden werden. Es folgte ab hier zunächst eine Wegstrecke von ca. 1100 m mit 12 % Steigung. Der Weg bot kaum Schatten vor der Vormittagssonne und trieb einem auf dem Weg zum Plateau des Mostelares den einen oder anderen Schweißtropfen ins Gesicht. Oben angekommen, wurde man dafür jedoch bestens entschädigt, denn es gab eine fantastische Aussicht, bei der man tief Atem holen musste, so imposant war sie. An solch einem Ort musste man einen Steintempel setzen und so beschloss ich, gleich am Anfang der heutigen Wegstrecke meinen Tempel zu bauen, zunächst ohne diesen einer bestimmten Person zu widmen.

Zwischenzeitlich hatte Paul mich wieder eingeholt und wir gingen gemeinsam über das Bergplateau und plötzlich standen wir vor einem Abgrund. Bei geschätzten 18 % Gefälle ging es ca. 350 m abwärts. Wir mussten mordsmäßig dagegen ankämpfen, nicht unfreiwillig zu beschleunigen. Den Abgrund heil erreicht, liefen wir nun auf einer langen, fast ebenen Wegstrecke durch nicht endende Kornfelder.

Am Ende dieses Teilstückes hatte ein Spanier eine kleine provisorische Raststelle mit Getränken und Obst aufgebaut und gab jedem,

Profil Etappe 12 (E12), 26 km

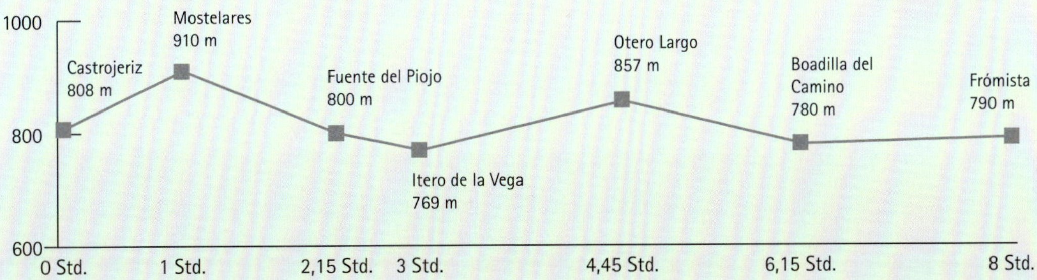

der wollte, etwas davon ab. Auf die Frage, was wir ihm schuldig wären, lautete die Antwort: „Eine kleine Spende". Augenscheinlich schien das wohl eine gute Geschäftsidee zu sein. An dieser Stelle rasteten an diesem Mittag div. Pilger und gönnten sich auf den aufgestellten Bänken bzw. Steinquadern eine Mittagsruhe.

Ab hier trennte ich mich für den Rest des Tages von Paul, denn er plauderte noch fleißig mit dem jungen Pilgerpärchen vom letzten Abendessen, das ebenfalls hier Rast gemacht hatte. Ich folgte zunächst einer ca. 4 km langen Teerstraße, die ausgangs des Ortes Itero zum Glück wieder in einen ungeteerten Wirtschaftsweg mündete. Ab da lag eine beeindruckende Hügellandschaft vor mir, die sich langsam ansteigend auf eine kleine Passhöhe des Otero Lago schlängelte. An ihr bot sich wieder einmal ein schöner Rastplatz unter jungen Pinienbäumen an. Da ich an dieser Stelle bereits zwei Drittel des heutigen Weges zurückgelegt hatte, beschloss ich, hier unter den Bäumen mit einer wieder einmal phantastischen Aussicht eine weitere kleine Rast zu machen und meinen restlichen Tagesbericht vom Vortag niederzuschreiben. Zwischenzeitlich kam Paul an mir vorbei, der sich jedoch trotz der schönen Aussicht nicht von seinem Vorhaben abbringen ließ, weiterzugehen. Gut gerastet ging es dann auf das Reststück, welches mir auf den letzten 3 km etwas zu schaffen machte. Am Zielort fanden Paul und ich uns wie immer auch ohne Handy oder Suchaktion in einem Restaurant mitten im Ort. Paul stellte mir dabei seine neue Bekanntschaft Martha aus Österreich vor, die uns nach ihren Angaben bereits aus Burgos kannte und auch Pauls geheime Mission. Ich muss an dieser Stelle sagen, dass ich in den letzten Tagen für Paul mitgelitten habe, denn jeder Versuch an geschundene Füße, Beine oder Rücken zu gelangen, schlug bis dato fehl. Aber das sollte sich heute Abend ändern. In dem Gespräch mit Martha stellte sich nämlich heraus, dass eine anscheinend nicht ordnungsgemäß versorgte Blase an ihrem Fuß sein Eingreifen unbedingt erforderte. Martha war davon zunächst zwar nicht besonders begeistert, aber auf mein Anraten, unbedingt einen Fachmann wie Paul zu konsultieren, ließ sie sich darauf ein. Nach kurzer Begutachtung wurde das OP-Besteck (Schere) ausgepackt und die OP ohne Narkose durchgeführt. Es folgte ein fachmännisch-steriler Verband und alle waren glücklich. Martha, weil ihr Fuß nun genesen konnte, Paul, weil er endlich mal seine

Fernblick zurück nach Castrojeriz

heilende Hand anlegen konnte und ich, weil Paul glücklich war. Ich glaube, für Paul war es das erste Highlight dieser Tour. Anschließend suchten wir unsere Unterkunft auf. Pauls Patientin hingegen wollte, jetzt wo sie so gut versorgt war, noch unbedingt 10 km weiter marschieren. Wir sind gespannt, ob man sich nochmal über den Weg läuft oder ob sie sich irgendwann zurückfallen lässt, um nochmals Pauls Fachkunde zu genießen.

An dieser Stelle möchte ich den heutigen Tagesbericht schließen, denn es folgt heute ohnehin nur noch dasselbe Ritual der Vortage: Essen, trinken, schnarchen. ‹‹

Sehenswürdigkeiten und Wissenswertes auf dem Weg

Boadilla del Camino: Die Pfarrkirche Mariä Himmelfahrt (Iglesia de la Asunción) ist dreischiffig und beherbergt neben dem Hauptaltar aus dem 16. Jahrhundert einen weiteren Altar im Renaissancestil und ein sehenswertes Taufbecken aus dem 14. Jahrhundert.
Hinter der Kirche befindet sich der Rollo jurisdiccional, eine spätgotische Gerichtssäule aus dem 14. Jahrhundert, deren reiche Verzierung sich überwiegend auf den Apostel Jakobus bezieht. Der Rollo war in Kastilien Symbol richterlicher Gewalt, Gerichts- und Vollstreckungsort. Zum Ausführen der gefällten Urteile wurden die Verurteilten an die Säule gebunden.

Frömista: Die am Jakobsweg gelegene romanische Kirche San Martin ist einen Besuch wert. Das Gotteshaus ist durch seine Steinmetzarbeiten an den Außenfassaden bekannt. Besonders zu erwähnen sind die Konsolenfiguren an den Sparren unter den Dachüberständen, die Pflanzen, Tiere, Fabelwesen, Menschen und – für eine Kirche bemerkenswert – auch einige erotische Darstellungen, wie den „Phallusmann", zeigen. Die meisten Darstellungen dieser Art dürften allerdings bei der Restaurierung im 19. Jahrhundert entfernt worden sein. Das Innere der Kirche wirkt aufgrund der fehlenden Bemalung schmucklos und bezieht seinen Reiz im Wesentlichen aus den Kapitellen, die zum Teil bis in die kleinsten Einzelheiten ausgearbeitet sind. Sie stellen Pflanzen, Tiere und Menschen dar. Die meisten Steinmetzarbeiten sind gut erhaltene Originale. Rekonstruierte Kapitelle oder Kämpfer sind mit dem Buchstaben „R" gekennzeichnet. Ansonsten schmücken nur drei Figuren den Innenraum. Linkerhand ist der Patron der Kirche, der heilige Martin von Tours, rechts der heilige Jakobus zu sehen. Das Kruzifix in der Mitte stammt aus dem späten 13. Jahrhundert. Heute werden in der Kirche nur noch zu besonderen Anlässen Gottesdienste abgehalten.

Die Gerichtssäule in Boadilla del Camino

Etappe 13

■ Diese Wegstrecke ist wie die Tage zuvor geprägt von Getreidefeldern, obwohl hier in Jahrhunderten zuvor noch Weideflächen für das Vieh und Weinberge das Landschaftsbild prägten.

Die Gegend ist sehr einsam und man kann sich in die Gedankenlosigkeit verlieren. Schrecklich sind die neuen Straßen und gespurten Wege der Pilger, die nebeneinander in die Landschaft gepflastert wurden. Schade ist, dass während der zweiten Etappe in keinem Ort die Kirchen betreten werden konnte, da sie verschlossen waren. Man sagte uns, dass dies aus Diebstahlgründen der letzten Jahre erfolgte.

17. April 2013

❞ Bevor ich heute an meinem Tagesbericht schreibe, muss ich nochmal von gestern Abend berichten. Ich hatte ja bereits vor dem Abendessen meine Erlebnisse des Tages beschrieben und dachte dabei bleibt es... aber weit gefehlt. Als Paul und ich beim Abendbrot zusammen saßen, waren wir mit dem uns aufgetischten Wein nicht besonders glücklich – „ein solcher Tag könne schließlich nicht mit solch einem mittelmäßigen Tropfen beendet werden". Als ich daraufhin beschloss, mich auf den Weg zu einem nahe gelegenen Supermarkt zu machen, ließ mich ein stechender Schmerz im linken Bein wieder auf den Stuhl zurücksinken. Oh nein, was war das denn? Hatten die Steigungen von 12% - 18% ohne Handicap nicht schon genug geschlaucht? Nun gut, der Wein bzw. der genussvolle Ausklang des Tages musste warten. Pauls Augen glänzten schon und als Mann vom Fach wusste er natürlich gleich Bescheid, welche notwendigen, aber sicherlich auch schmerzhaften Maßnahmen getroffen werden mussten. In unserer Unterkunft angekommen, setzten wir uns auf die kleine Terrasse und öffneten die in der Zwischenzeit erworbene Flasche Wein. Wir waren uns beide einig, dass dieses leckere Tröpfchen aus dem Jahr 2007 kein Vergleich zu dem Pilgermenü begleitenden Wein war, und genossen den Traubensaft und die Aussicht von unserer Terrasse. Danach hieß es Hosenbein hochkrempeln und wie schon befürchtet Zähne zusammen beißen. Paul griff wie ein Berserker zu und es fühlte sich an, als wolle er mich meines linken Beines entledigen. Doch nach einigen Minuten trat spürbare Linderung ein, wobei mir bis heute nicht ganz klar ist, ob es ausschließlich an Pauls hervorragender Behandlung oder an dem guten Tropfen gelegen haben mag. Paul verzeih – es lag mit Sicherheit nur an Deinen heilenden Händen.

Nun zum eigentlichen Tagesbericht, 17.04.2013
Vor dem heutigen Frühstück wurde mein Bein von Paul getaped, so dass ich für den kommenden Marsch gerüstet war. Worauf

Profil Etappe 13 (E13), 20 km

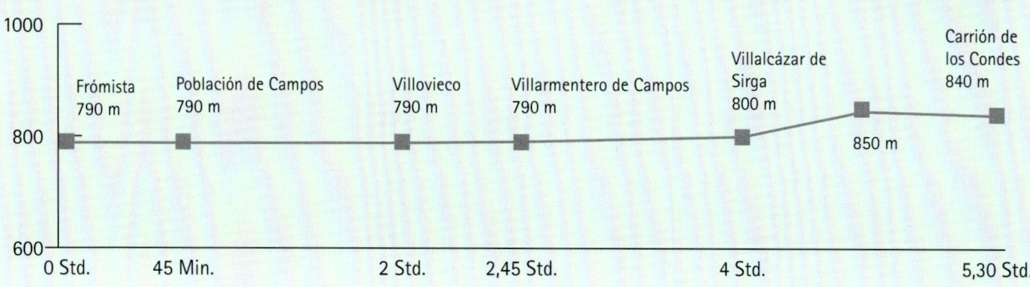

ich jedoch nicht gefasst war, war, dass es vor unserer Herberge aussah wie auf einem Ameisenhaufen. Wenn man seine Unterkunft nicht direkt am Weg hat, findet man sich am frühen Morgen in einem Wirrwarr aus Pilgern wieder. Alle laufen aufgeregt kreuz und quer durcheinander, drehen sich um die eigene Achse, bücken oder strecken sich, um die wegbegleitenden Muschelzeichen zu finden. Andere orientieren sich aber lieber an anderen Pilgern, denn mit Sicherheit geht es allen so wie uns: Man will auf keinen Fall in die falsche Richtung laufen. Aber spätestens wenn man an die Stelle zurückgeht, wo man in dem Ort oder der Stadt den Weg verlassen hat, um die nächtliche Unterkunft aufzusuchen, ist die Orientierung wieder da und alle verhalten sich wie in der Wildnis und laufen folgsam den Vorauslaufenden hinterher.
Manchmal ist es gut, wenn man nicht weiß, was der Tag bieten wird. Denn wenn man den Reiseführer vorher gelesen hätte, hätte man bereits gewusst, dass die heutige Wegstrecke zu 95% parallel neben einer ausgebauten Teerstraße verläuft.

Wir vermuten, dass dies vor 2 Jahren noch nicht der Fall war. Auch war die Landschaft am Wegesrand wieder nur mit Kornfeldern bestückt. Dafür gab es aber den einen oder anderen Ort mit netten Rastgelegenheiten. Übrigens lief ich heute ab Mittag fast die ganze Zeit auf gleicher Höhe mit Paul. Die Wegstrecke von 21 km war auch für heute ausreichend. In Carrión De Los Condes angekommen, stellten wir fest, dass es diesmal ein hübscher Ort ist. Unsere Herberge lag nicht wie sonst zentral mitten im Ort, sondern hinter dem Fluss Rio Carion und damit direkt am Camino, so dass wir morgen früh direkt auf dem richtigen Weg waren. Unsere heutige Unterkunft war ein altes Kloster mit Namen San Zeilo und wir fragten uns, warum sind wir nicht schon früher ins Kloster gegangen! Es hatte 3 Sterne und war vom Feinsten. Am heutigen Tage trafen wir wieder mal viele alte Bekannte wie Inja und sogar Martha. Letztere läuft täglich zwischen 30-40 km. Wir haben sie beglückwünscht, dass sie es geschafft hat, heute zum ersten Mal zu entschleunigen, denn ihre heutige Wegstrecke hatte nur 15 km. Nach kurzem Aufenthalt im Klosterhotel ging es zum Spionieren ins Städtchen, wo dann am Plaza unsere Wahl auf ein Restaurant fiel, das die besten Kontakte zuließ. Die blieben jedoch bezüglich der Pilger fast komplett aus, nur „Werner der Zweite“ kam vorbei. Wir lotsten ihn zu uns an den Tisch. Er war uns heute in Begleitung von Inja und einer spanischen Pilgergruppe, mit der er sich perfekt verständigen konnte, aufgefallen. Aufgrund unserer geschickt gestellten Fragen hatten wir schnell seine Herkunft und einiges andere von ihm herausgefunden. Es stellte sich gleich heraus, dass er sehr viel Ähnlichkeiten mit „Werner dem Ersten“ aus München hatte. Nach dem netten Gespräch waren wir sicher, dass auch er - ein Mann mit Charakter - den Weg zu Ende gehen würde. Nach unserem Abendbrot beschlossen wir, eine gute Flasche Rotwein zu kaufen und gingen dann zum Fluss, um dort den Abend entspannt ausklingen zu lassen. Diese Idee teilten wir mit zwei Dänen, welche sich ebenfalls ein schönes Plätzchen am Fluss gesucht hatten. Paul und ich erzählten uns auch an diesem Abend wieder Dinge, welche man nur mit Menschen teilt, denen man vertraut und weiß, dass sie bei ihnen gut aufgehoben sind.
Das ist das Besondere an dem Weg, Menschen öffnen sich und es entstehen einzigartige Gespräche und Momente. Um 21.30 Uhr ging es dann wie immer in die Koje. “

Sehenswürdigkeiten und Wissenswertes auf dem Weg

Población de Campos: Ermita de San Miguel, aus dem 13. Jh. Hier gab es auch ein Hospital der Malteser, viele Orden waren am Weg, um den Pilgern zu helfen.

Villovieco: im Hauptaltar der Kirche Santa María sind viele Jakobsweg-Motive dargestellt. Beim Verlassen des Ortes kommt der Fluss Ucieza. Man erkennt sofort seinen Einfluss auf die Landschaft.

Villarmentero de Campos: Kirche San Martín de Tours, im Mudéjar-Stil gebaut, achteckig und mit platereskem Hauptaltar.

Revenga de Campos: Barockkirche San Lorenzo. Die Häuser sind von außergewöhnlicher Schönheit.

Villalcázar de Sirga: Früher von den Templern bewohnt. Ihr Ruhm kommt aus der Kirche Santa María la Blanca, die wie eine Festung ist, nie fertig gestellt, aber majestätisch und römisch aus dem 13. Jh. Das Mittagstor mit sechs Archivolten zeigt feinste Arbeit mit Darstellungen von der Verehrung der Heiligen Drei Könige, Jesus und seiner Jünger. Im Hauptaltar sind Bilder aus der Schule von Pedro Berruguete ausgestellt. Berühmt auch als Grablege mit gotischen Sarkophagen, in denen Prinzen und ein unbekannter Ritter ruhen. In einer Seitenkapelle wird die Mutter Gottes, Virgen Blanca aus dem 13. Jh., begleitet von zwei Engeln. Berühmt wurde sie durch Alfonso de Sabio mit seinen Gesängen. Bis zu 14 Wunder werden ihr zugeschrieben.

Der Hauptplatz von Carrión de los Condes

Carrión de los Condes: Früherer Name Santa María, zu Ehren der Condes de Carrión umbenannt und oft besungen in Mio Cid. Einige Klöster und Kirchen sind nennenswert, zum Beispiel La Piedad, Santa María, San Zoilo, Santiago, Santa Clara, wo Franz von Assisi Gast war. Die Stadt liegt zwischen den Flüssen Cea und Pisuerga. Ein wichtiger strategischer Punkt in Zeiten der Reconquista und Auseinandersetzungen zwischen Leoneses und Castellanos.

Die Stadt ist stolz auf ihre berühmten Söhne, wie den jüdischen Bürger Sem Tob und den Marqués de Santillana. Die Stadt ist reich an Monumenten, unter anderem die Kirche Santa María del Camino mit Darstellungen der 100 Jungfrauen, die durch Stiere von den Sarazenen befreit wurden. In der Hauptfassade der Kirche Santiago sehen wir Gott als Majestät dargestellt, umgeben von den vier Evangelisten und 24 Darstellungen repräsentativer Berufe der Bewohner. Die Kirche Ntra. Sra. de Belén, Patronin der Stadt, ist ein gotischer Tempel mit Altar der Renaissance.

Man überquert den Carrión über eine mittelalterliche Brücke und schon ist das Benediktinerkloster San Zolio da. Es existierte bereits im 9. Jh., und beherbergt eine wunderschöne Kirche mit Kreuzgang. Man kann sie heute noch besichtigen. Gut erhalten sind auch romanische Säulen mit biblischen Darstellungen. Das Kloster ist heute ein Hotel, der Kreuzgang einer der schönsten Spaniens aus der Renaissance.

Kreuzgang im Kloster Real Monasterio San Zoilo

Etappe 14

■ Auch dieses Teilstück ist sehr einsam und bietet einen weiten Blick ins flache Land. Heute streifen wir jedoch einen historischen Weg, die Canada Real Leonesa Oriental. Es ist ein uralter Viehtriebweg, auf dem früher die Viehherden der Großgrundbesitzer vom Süden auf die fruchtbaren Weiden Nordspaniens getrieben wurden und im Herbst zurück. Von diesen Viehtriebwegen gab es früher eine ganze Reihe, die Spanien durchzogen. Dieser jedoch war die Canada Real, der wohl wichtigste, denn er stand unter königlichen Schutz.

Seit dem 12. Jahrhundert nutzen auch die adeligen Familien oder christliche Orden diese Wege und Weideflächen für die Herden der bekannten Merinoschafe. Die Wege wurden bis Mitte des 19. Jahrhunderts genutzt, wobei heute kaum noch ein Hirte zu sehen ist. Die schmalen Grünflächen, welche das Land durchstreifen, sind ökologisch gesehen ein Refugium der Natur. Hier leben noch diverse Wildtiere und wachsen Wildkräuter innerhalb der Monokulturen Getreidefeldern, die der Natur keinen Platz mehr geben. Teilweise wurden diese Grünflächen bislang dem spanischen Naturschutz unterstellt.

18. April 2013

❞ Der heutige Tag war für uns besonders spannend, denn anders als bisher hatten wir für heute Abend, sowie für morgen auch, vorab keine Unterkunft gebucht und waren sehr gespannt, wohin uns das Schicksal wohl verschlagen würde. Stolz darüber, dass wir uns in dieses zusätzliche Abenteuer wagten, machten wir uns auf die Wegstrecke von 28 km, was für alle Pilger ein einmaliges Stück Wegstrecke darstellt. Ein fast schnurgerader Weg, welcher über 17 km fast ohne Baum und Strauch geht und an dem kein Dorf oder auch nur ein einzelnes Gehöft liegt. Nur eins gab es – nicht enden wollende Kornfelder. Bei diesem Marsch sorgten lediglich einzelne Vögel oder eine einzelne Blume am Wegesrand für Abwechslung.

Aber auch das Zusammentreffen mit unserem jüngsten Pilgerfreund, ein achtjähriger, amerikanischer Junge aus New Jersey, gab uns neue Kraft. Das Einzige, was ins Auge fällt, ist eine junge Baumreihe, die neu gepflanzt wurde und deren Kronen den Weg zwischen Juni und September sicherlich in eine Art Kreuzgang verwandeln und den Pilgern Schatten spenden könnte. Leider nur könnte. Denn der Schatten

trifft nicht auf die Pilger, sondern verliert sich in den Kornfeldern, da man sie auf der falschen Seite des Weges gepflanzt hat. Es stellte sich uns die Frage, ob es reine Gedankenlosigkeit der Planer oder Ausführenden war, oder ob dies nicht sogar eine kleine gewollte Pilgerschikane sein sollte. Vielleicht hatten die Zuständigen aber auch einen erfolglosen Jakobsweg hinter sich, oder sind die mörderische

Wegstrecke noch nicht gelaufen. Wer weiß, alles ist möglich. Nach und nach stellt man jedoch fest, dass die Spanier noch etwas anderes als Wein und Weizen anbauen können. Auf unserem weiteren Weg überraschten uns nämlich immer wieder nicht nur hübsch angelegte Baumgruppen aus Chlorophyll, sondern auch die aus Stahl. Schon beim Ausmarsch aus Burgos fielen uns die gigantischen Windparkanlagen auf, die ungeordnet wie riesige Wälder auf den Anhöhen am Horizont stehen und deren Ausmaße bei uns nicht realisierbar wären. Zum Glück. Etwas ließ uns aber stutzig werden: Die Anlagen starteten täglich erst nach 14 Uhr und machten uns zunächst etwas ratlos, bis wir das – so glauben wir - Geheimnis lüfteten: Da sich erst ab Nachmittag Leben in den Orten zeigt, glauben wir, dass die Spanier auch erst ab dann Strom benötigen und dann erst die Energieriesen mit ihrer Arbeit beginnen. Soviel zur Theorie von zwei Unwissenden.

Nach Durchschreiten der öden, riesigen Kornkammern kamen wir dann endlich wieder in der Zivilisation des Örtchens Calzadilla de La Cuerza an. Hier wurde zunächst einmal verschnauft und eine Kleinigkeit gegessen. Dann ging es weiter zu unserem heutigen Zielort Terradillos De La Templaris. Das bedeutete, dass wir heute einen 6,5-Stunden-Marsch von 27 km Laufstrecke zurückgelegt hatten.
Hier angekommen, gingen wir in die direkt im Ort liegende Albergue und hofften auf ein 2-Bett Zimmer. Diesen Zahn bekamen wir

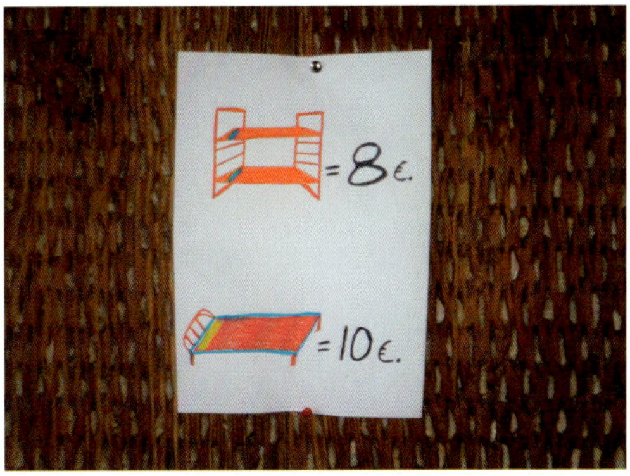

jedoch prompt gezogen. In der Hoffnung auf ein bequemes Federbett ließen wir uns jedoch nicht lumpen und zückten an Stelle der geforderten 8,- Euro gleich 10,- Euro. Und siehe da, das „Glück" war uns hold und wir bekamen ein 3-Bett-Zimmer zur Verfügung gestellt. Ab jetzt gab es für uns nur noch eine Möglichkeit, unsere Zweisamkeit in einem weitläufigen Zimmer zu genießen, nämlich das Zimmer abzuschließen. Aber falsch gedacht. Es gab weder einen Zimmerschlüssel, noch war es weitläufig. Kein Problem, dann sehen wir mal, ob wir noch einen Überraschungspilger aufnehmen dürfen.

Nach kurzem Garderobenwechsel und Waschgang ging es dann auf die Sonnenterrasse, wobei der bereits am Morgen einsetzende, kühle Nordostwind uns das Sonnenbad nicht gerade versüßte. Aus diesem Grund wechselten wir in den nächsten Stunden dreimal die Position und gingen auf einen Spaziergang in den Ort. Doch

Profil Etappe 14 (E14), 27 km

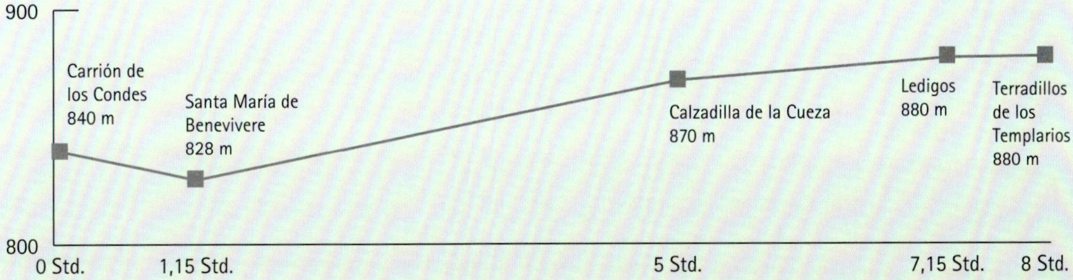

diesem war aber auch gar nichts Charmantes abzugewinnen und so zogen wir es vor, lieber zeitnah unsere Herberge und deren Gastraum aufzusuchen, denn die Unterkunft war gut besucht. Pünktlich um 19 Uhr war dann auch die Fütterung der Raubtiere. Es gab ein Drei-Gänge-Menü. Die Vorspeise bestand aus Linsensuppe, die Hauptspeise war eine Lachsforelle mit Salat und zum Abschluss gab es wahlweise einen Pudding oder einen Apfel und, wie es sich für ein Mahl in Spanien gehört, Wein für alle. Auch hier wird die Seele durch die Mahlzeit verwöhnt und ein schönes Feuer in dem offenen Kamin direkt neben unserem Tisch (dank meines noch überraschend wachen Auges, hatten wir den besten Platz im Raume ergattert) tat sein Übriges. Vorteil einer solchen Unterkunft mit Speiseraum ist, dass man vielleicht unbekannte Tischnachbarn hat, dadurch immer wieder neue Impulse gesetzt werden und man angehalten ist, sich zu unterhalten. In diesem Fall kamen zwei unserer Tischnachbarn aus Puerto Rico und eine aus Italien. Rückblickend frage ich mich zwar, wie wir uns verständigt haben, aber anscheinend hat es geklappt. Ob es am Wein gelegen hat, weiß heute niemand mehr genau zu sagen.

Heute ging es mal etwas früher ins Bett, denn wir mussten am Morgen die Herberge bereits um 8 Uhr verlassen. “

Sehenswürdigkeiten und Wissenswertes auf dem Weg

Der Pilgerweg führt an der Ruine des Klosters Benevívere vorbei, welches 1169 gegründet wurde.
In Calzadilla de la Cueza mit der Pilgerstraße gab es präromanische und romanische Siedlungen. In der Kirche San Martín ist ein gut erhaltener Renaissance-Altar aus dem 16. Jh. zu sehen. Der Ritterorden von Santiago hatte hier ab dem 12. Jh. ein Krankenhaus betreut. In der Kirche Santiago darf der Apostel nicht fehlen.

Gerradillos de los Templarios: Die Templerorden waren dort, heute ist leider nichts mehr zu sehen. Durch ihre königliche Calzada Francesa führt der Weg weiter nach San Nicolás del Real Camino. Auch hier waren die Templer und andere Orden. Es gab ein Lepra-Hospital. Wir verlassen die Provinz Palencia und kommen in die Provinz León, geologisches Mosaik genannt.

Etappe 15

■ Mittlerweile sind die Ortsnamen immer schwieriger auszusprechen, was darauf zurückzuführen ist, dass die Namen mit „de los" – hier hinter verbergen sich Ritterorden – an die Stützpunkte solcher erinnern. Diese Ritterorden schützten die Pilger vor Angriffen der Mauren und pflegten und verpflegten die zahlreichen Pilger des Mittelalters.

19. April 2013

❞ Ich würde sagen, die Nacht war durchwachsen. Mehrfach bin ich wegen der Kälte wach geworden und dachte sehnlichst an den Kamin mit seiner offenen Feuerstelle zurück. Um 7:00 Uhr ging dann „Gott sei Dank" der Wecker und wir beeilten uns mit der Morgentoilette. Erstaunlich war, dass niemand außer uns in den Waschräumen war. Wir waren wohl die Letzten, aber was soll's. Wir tranken noch schnell einen Kaffee im Gastraum, dann ging es auf den Weg. Da wir bereits im Vorfeld durchs Fenster gesehen hatten, dass die Pilger dick vermummt waren, hatten auch wir lange Unterhosen an und den Schal übergeworfen. Draußen blies von Nord-Ost eine steife Brise, wie man bei den Seeleuten sagt. Unser Vorteil jedoch war, dass er von hinten kam und uns etwas anschob. So gingen wir teils gemeinsam, teils getrennt unseren Weg. Auf diesen gemeinsamen Weg kamen wir an einem kleinen Fluss vorbei, der in der Mitte eine Kiesinsel gebildet hatte. Gleich war für mich und Paul klar, dass hier sichtbar und nicht schnell für Plünderer erreichbar ein Grundstück für unseren heutigen Tempel lag. Kurzum, er wurde gebaut für unsere Lieben daheim.

Unser Mittagsziel war Sahagun, wo wir eine zünftige Rast einlegen wollten, denn dort hätten wir dann bereits die Hälfte der heutigen Strecke hinter uns gebracht. Die erste Kirche, an der wir vorbei kamen, war überraschenderweise offen. Welche Freude, denn das war seit Burgos die erste! Aus diesem Grund ließen wir es uns nicht nehmen, ein paar Kerzen anzuzünden und in Gedanken zu verweilen. Mit frischem Glauben an den Weg gestärkt ging es auf die Suche nach einem Restaurant. So weit wir auch liefen, wir fanden keins und bevor

Etappe 15 (E15), 24 km

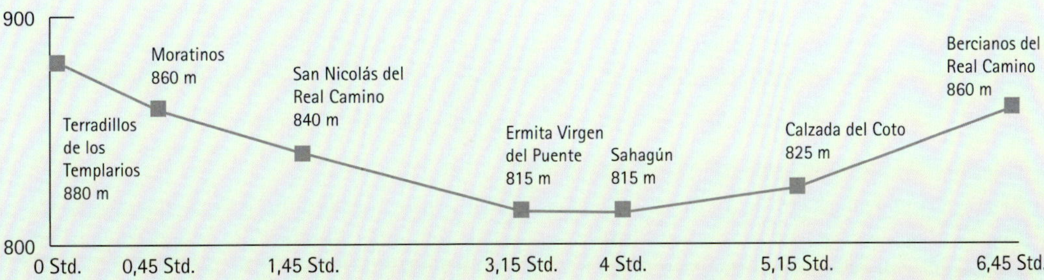

wir uns versahen waren wir auch schon wieder aus der Stadt. Ich wurde allmählich stinksauer, denn seit der Tasse Kaffee heute Morgen und dem mitgeführten Wasser hatten wir noch nichts zwischen die Zähne bekommen. Das blieb – vorweggenommen – leider auch bis zu unserem Zielort so.
Ich lenkte mich mit dem Gedanken ab, dass ich heute noch einen zweiten Steintempel errichten wollte, für eine Freundin oder einen Freund, und hielt Ausschau nach einer geeigneten Stelle. Nachdem ich längere Zeit an einem kleinen Rinnsal vorbei lief, fand ich auch den ersten Ort für meinen Tempel. Nachdem dieser gebaut war und ich wenige Meter weiter ging, hörte ich von irgendwo her Frösche quaken. Das machte mich neugierig. Kurzer Hand sprang ich über den kleinen Bach und siehe da, dort war ein Feuchtbiotop, das ich vom Weg aus nicht einsehen konnte. Im Biotop und am Ufer blühten die verschiedensten Pflanzenarten und lockten mich einmal um das Biotop herum. Es fiel mir ein weiterer schöner Platz auf, an dem ich heute den dritten Steintempel bauen konnte.

Danach ging es mit knurrendem Magen, aber zufrieden, weiter bis ans Ziel „Bercianes del Real Camino". Auffallend war auf den letzten Kilometern, dass hier in den letzten Jahren parallel verlaufende kleine Gemeindestraßen, große Landstraßen und Autobahnen gebaut worden sind. Alles neu und nahezu „Menschen- bzw. Autoleer". Lediglich auf der Autobahn von Burgos nach Leon und umgekehrt fuhr ab und zu ein Auto. Es stellte sich uns die Frage, wer sollte auf diesen Straßen denn auch – außer zur Erntezeit im Herbst – fahren? Industrie oder Gewerbe sieht man hier in den endlosen Kornfeldern ohnehin nicht. Am Zielort angekommen, beschloss Paul gegen mein Vorhaben nicht das Hostel aufzusuchen, sondern die ausgeschilderte Albergue. Diese lag am Ortsrand und machte auch von außen keinen schlechten Eindruck. Bevor wir überhaupt etwas entscheiden konnten, hatte der Herbergsvater uns in sein Haus aufgenommen und ließ uns nicht mehr gehen – er hatte uns wohl gleich ins Herz geschlossen oder aber Sorge, wir wären die ersten und letzten heutigen Pilger. Nachdem er uns dann die hauseigenen Spielregeln vorlas, war an Flucht ohnehin nicht mehr zu denken.

Als er uns unsere Schlafstätte zuwies, wurde uns klar, dass wir jetzt bei den wirklichen Pilgern angekommen waren. Bei dem Gedanken, dass uns jetzt unsere Pilgerfreunde vom ersten

Camino so sehen könnten, mussten wir laut lachen. Die Schlafräume hier im Haus bestehen aus 12-Bett-Zimmern mit Bettbezügen, die so zerwühlt aussahen, als hätten sich da schon so manch andere Pilger nächtelang herumgewälzt. Wir gehen jedoch davon aus, dass dies sicherlich nur am fehlenden Bügeleisen gelegen hat. Man darf dabei auch nicht vergessen, dass für die Übernachtung, das Abendessen und das Frühstück lediglich eine beliebige Spende abzugeben ist.

Nach dem Ankommen setzten wir zu einem Befreiungsschlag an. Wir gingen zu einer kleinen Bar, die uns beim Einmarsch in den Ort aufgefallen war. Unser Plan an diesem Nachmittag (das war wirklich das erste Mal) hieß, lass uns was trinken, damit uns unsere heutige Unterkunft doch noch etwas angenehmer erscheint. Zu unserer Überraschung wurden wir dort herzlich in unserer Muttersprache begrüßt, was dazu führte, dass wir ohne Rücksicht auf das in drei Stunden stattfindende Abendessen nicht nur Bier und Wein sondern auch gehörige Portionen von Leckereien zu uns nahmen. Da wir zunächst die einzigen Gäste waren, kamen wir schnell mit dem Wirtsehepaar ins Gespräch. Sie waren vor einigen Jahren ebenfalls Peregrinos, die sich vor zwei Jahren auf dem Camino begegnet waren und sich entschlossen hatten, sich hier an dieser Stelle niederzulassen und eine kleine Bar zu eröffnen. Sie eine gebürtige Spanierin, er ein gebürtiger Kroate, welcher fünf Sprachen beherrschte, die er sich bereits vor Jahren als Monteur in vielen europäischen Ländern angeeignet hatte.

Sie wollen das Haus in den kommenden Jahren zu einer Herberge ausbauen. Ich glaube, dass sie ihr Ziel auf Grund der guten Lage, ihrer Herzlichkeit, ihrer Weitsichtigkeit und den zwar schon geschriebenen aber noch nicht veröffentlichten kroatischen Reiseführer für den Camino erreichen werden.

Die Zeit verging und schon war es 19.00 Uhr und wir mussten zurück in unsere Herberge, weil Paul sich trotz der üppigen Tapas in der Bar das Abendessen nicht entgehen lassen wollte. Satt wie ich war, nutzte ich lieber die Gelegenheit, schrieb diese Zeilen und lauschte den Geräuschen, die uns umgaben. Ein Hofhund bellte, Kälber brüllten in den Ställen, Stimmengemurmel. Sieben ältere Menschen, einer davon ein Rollstuhlfahrer, saßen auf einer Bank mit dem Gesicht zur Hauswand und dem Rücken zur Sonne gerichtet in Reih und Glied und unterhielten sich. Ihre Schatten wurden dabei auf die Hauswand geworfen.

Ich schmunzelte über dieses Bild schon geraume Zeit und bat Paul, der nach einer gefühlten Dreiviertelstunde endlich auf unsere Terrasse trat, ein Foto von diesem amüsanten Stillleben zu machen. Paul machte sich auf den Weg und ging zu der Gruppe rüber. Es dauerte nur zwei Minuten und Paul saß als Achter auf der Bank und war gleich Teil des seltsamen Grüppchens. Was mich zwar nicht überraschte, aber sehr amüsierte. Ich wies das gerade auf die Terrasse kommende Pilgerpärchen auf den seltsamen Anblick mit den Schattenmenschen hin. Die Frau sagte sogleich auf Deutsch, dass sie davon auch ein Bild machen will, und ging zu der Gruppe. Als ich mit dem Mann alleine war, fragte ich ihn was für eine Nationalität er habe. Er sagte in gutem Deutsch „Russe", ich antwortete, dass mein Freund Paul - der Achte in der Reihe - auch Russe ist. Er sagte: „Ich weiß, den sprachfreudigen Kollegen habe ich bereits vor kurzem kennengelernt".

Ich für mich kann diesen Tag - trotz Lebensmittelentzug in den ersten 8 Stunden - als sehr gut einstufen. Ich glaube, dass auch der Rest des Tages und der Nacht, vielleicht auch wegen der besinnlichen Zeit in der Kirche von Sahagun, die Note sehr gut verdient hat. Manchmal muss man eben erst mal ankommen, Luft holen, runterkommen, um dann das Positive um sich herum zu entdecken. Danke. **“**

Sehenswürdigkeiten und Wissenswertes auf dem Weg

Sahagún: Stadt des Heiligen Facundus und seines Bruders Primitivo, die Ende des 3. Jh. den Märtyrertod starben. Beide waren römische Legionäre. König Alfonsi III. aus Asturien gründete 883 ein Kloster für eine Brüderschaft, die Córdoba wegen der Araber verlassen mussten. Die Pilger halfen der Stadt wirtschaftlich sehr. Almanzor zerstörte sie Ende des 10. Jh. auf dem Weg nach Santiago de Campostella. König Alfonso VI. war Gast in einem Kloster. Er bot dann dieses Kloster den Brüdern von Cluny an und machte den Mönch Bernardo aus dieser Abtei zum ersten Erzbischof von Toledo. Alle Bischöfe in seinem Reich waren Mönche des Klosters von Sahagún. Rund um das Kloster haben sich Spanier, Juden, Moslems und Ausländer niedergelassen. Seinerzeit war es das mächtigste Kloster Spaniens. Hier wurden Münzen geprägt und es gab auch eine Universität. Sahagún wurde im 9. Jh. völlig zerstört, aber die Kapelle San Mancio nicht. Im 11. Jh. gab es bereits ein Krankenhaus mit 60 Betten, und im 16. Jh. wurden hier für die durchziehenden Pilger große Mengen Brot gebacken. Die Kirche Trinidad ist heute eine Pilgerherberge. Die Kirche San Lorenzo ist eine romanische Kirche, aus Backstein, mit einem viereckigen Turm über der Kuppel. Das Kloster Santa Cruz mit interessantem Museum ist sehr sehenswert. Hier gab es fünf Pilger-Krankenhäuser. Viele weltberühmte Persönlichkeiten stammen aus Sahagún. 5 km von Sahagún entfernt befindet sich das Benediktinerkloster San Pedro de las Dueñas aus dem 12. Jh. Es ist sehr groß, Steinmetze schafften wunderschöne Säulen in der Kirche, die biblische Geschichten erzählen.

Calzada de los Peregrinos: Ein Ort, wo sich zwei Brüder weit weg von Sahagún um die Pilger gekümmert haben. Hier stehen die Kirche San Bartolomé mit einer Darstellung des gekreuzigten Jesus aus dem 16. Jh. und das Kloster Ntra. Sra. de los Dolores.

Bercianos del Real Camino: Hier befindet sich die Kirche Salvador. Die Hauptstraße, gerade und von Bodegas und Herrenhäusern geschmückt, gibt dem Ort Ruhe und Schönheit. Die Weite des Landes geht weiter. Einige Palomares sind alles, was man dort sieht.

Kirche am Ortseingang von Sahagún

Der Marktplatz von Sahagún

Etappe 16

■ Mansilla de las Mulas hat seine Bedeutung aus dem 11. Jahrhundert. Die Stadt bildete mit mehreren Städten die Südgrenze und Frontlinie des Königreiches Asturien-Leon. Die Stadtmauer und Wehrtürme sind auch heute noch in einem Top-Zustand. Mansilla war bis vor 50 Jahren noch ein bedeutender Umschlagplatz für Getreide und Pferdemarkt zugleich.

20. April 2013

” Die Nacht war kurz, nicht nur weil wir bereits alle um 7:00 Uhr durch den Herbergsvater geweckt wurden. Vielmehr hatte unsere 67-jährige österreichische Schlafgenossin im Nachbarbett die halbe Nacht wie ein Werwolf geschnarcht, wie von ihrem Bruder schon prophezeit. Ich hätte sie, laut ihm, einfach nur immer wieder anstupsen sollen. Na, da hätte ich aber die ganze Nacht zu tun gehabt und wäre auch nicht zum Schlafen gekommen. Aus diesem Grunde kam mir das heutige frühe Aufstehen sehr entgegen, obwohl es – wie mein Blick nach Draußen ergab – noch Nacht und von der Sonne keine Spur zu sehen war.

Nach der üblichen Morgenwäsche ging es ans Buffet. Buffet? Weit gefehlt, da standen lediglich heißes Wasser und Milch für löslichen Kaffee oder Kakao, sowie ein paar geschnittene Scheiben Weißbrot, die anscheinend bereits gestern Abend geschnitten worden waren. Also kurzum, das Frühstück dauerte gefühlte 5 Minuten und wie der Herbergsvater bereits gestern bei der Ankunft angekündigt hatte, waren alle Gäste pünktlich um 8:00 Uhr aus dem Haus. Passend zu dem unerfreulichen Frühstück erwartete uns vor der Tür Väterchen Frost. Das Gras war teilweise mit Raureif überzogen. Jetzt galt es die Schrittzahl zu erhöhen, um den Wärmeverlust zu minimieren. Nach ca. 2 km bemerkte ich entsetzt, dass meine Wanderstöcke in der Albergue zurückgeblieben waren, was sicherlich auf die ungewohnt frühen Morgenstunden und der Flucht vor dem heutigen Frühstück zurückzuführen war. Da ich bereits heute Morgen beim Start Probleme mit meiner Achillessehne hatte, opferte sich Paul netterweise und spurtete zurück. Fast wäre das vergebens gewesen, denn die Herberge war bereits verschlossen und Paul musste mit lautem Rufen den Herbergsvater zum Öffnen der Türe bewegen. Im nächsten ca. 8 km entfernten Ort, holte Paul mich wieder ein, und ich spendierte ihm zum Dank ein kleines Frühstück.

Dann folgte ein mindestens 13 km langer Weg durch unendliche, menschenleere Agrarflächen. Am Vortag waren uns allerdings schon die Platanen aufgefallen, die in einem Abstand von 12 m am Wegrand standen. Bei unserer heutigen Wegstrecke von 27 km dürfte das bedeuten, dass wir an ca. 2.200 Platanen vorbeigepilgert sind. Und man staune, alle

Profil Etappe 16 (E16), 27 km

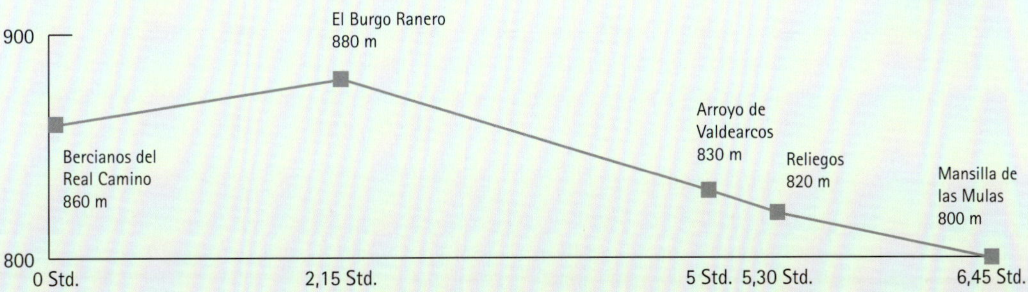

standen auf der „richtigen Seite", so dass sie im Sommer Schatten spenden konnten. Erstaunlich war, dass diese an ein unterirdisches Bewässerungssystem angeschlossen waren. Wir wiederum fragten uns, wer das finanziert hatte? Die selbe Frage tat sich ja schon für die überzogenen Straßen- und Brückenbauprojekte auf, welche nicht annähernd ausgelastet sind. Immer noch sehen wir tagsüber so gut wie keine Menschenseele, weder auf den Feldern noch in den Orten, außer ein paar wenigen in den am Weg gelegenen Bars.

Gegen 15:30 Uhr erreichten wir dann unser heutiges Etappenziel Mansilla de las Mulas. Auf den ersten Blick ein hübscher Ort. Unser Hotel lag gleich am Ortseingang in einer Seitenstraße innerhalb der massiven Stadtmauer. Der Hotelwirt empfing uns gleich sehr freundlich und spendierte uns ein erfrischendes Bier. Bei einem kurzen Smalltalk teilte er uns das Wichtigste mit, wie z. B. Zeitpunkt des Abendessens und des Frühstücks. Danach wurde das kleine, aber hübsche Zimmer bezogen und wieder einmal Wäsche gewaschen, die wir praktischerweise oben im 1. Stock auf einer Terrasse mit Wäscheleinen zum Trocknen aufhängen konnten. Von dort hatte man seitlich einen Blick in einen kleinen bestuhlten Innenhof. Aber so wie der aussah, war da noch Winterschlaf. Dennoch ließen wir uns nicht davon abbringen, ihn zu beleben. Wir rückten einen Tisch und zwei Stühle zusammen und stellten eine schöne Flasche Wein auf den Tisch. Hier wollten wir unseren Tagesbericht in unser Tagebuch schreiben und begannen dies bei einem Gläschen Wein.

Plötzlich standen zwei Gestalten im Innenhof und was soll ich sagen, es waren die Österreicher, Bruder und Schwester (Werwolf). Wir hatten gleich das Gefühl, sie seien auf der Suche nach uns gewesen und sie ließen sich auch nicht lange bitten. So waren wir dann ruckzuck zu viert. Unser Vorhaben, an unserem Tagebuch zu schreiben, war damit erledigt. Es folgte ein langes Gespräch über Allesmögliche. Paul erzählte aus Kasachstan und von seiner dort damals bei einer alten Frau begonnenen Ausbildung in der alten chinesischen Heilkunde Shiatsu.

Ein anderes Thema waren die wahnsinnigen Straßenbau- und Brückenbauprojekte, die auch ihnen aufgefallen waren. Ich habe mir vorgenommen, zu Hause unserer Bundeskanzlerin „Angie" einen Brief zu schreiben und sie über diese wahnsinnigen Projekte zu informieren bzw. mein Entsetzen kund zu tun. In der Hoffnung, dass diese Projekte unterblieben oder reduzierter ausgefallen wären, wenn die zuständigen Leute in der EU-Zentrale mal nur 14 Tage auf dem Camino gegangen wären.

Wir alle vier glauben fest daran, dass die Spanier mit der derzeitigen Einstellung zur Arbeit niemals aus ihrer Krise finden werden. Aus dem Grunde sollte man vielleicht darüber nachdenken, den schwachen EU-Staaten eine zweite EU-Zone, mit vielleicht anderen Regelwerken zuzuteilen. Dieses könnte ja zeitlich begrenzt sein. So oder so ähnlich könnte dies sicherlich mit fachlich fundierten Konzepten erreicht werden.

Unser Abend endete mit einem gemeinsamen Abendessen, wobei natürlich ein guter Tropfen Wein nicht fehlen durfte. Heute gab es ohnehin etwas zu feiern: Wir hatten heute Bergfest! Die Hälfte des gesamten Streckenabschnittes hatten wir hinter uns gebracht. **“**

Sehenswürdigkeiten und Wissenswertes auf dem Weg

El Burgo Ranero: Der Name beschreibt die Gegend Rana: Frosch. Man hört sie in der Nacht, sie bewohnen viele kleine Weiher. Die meisten Gebäude des Ortes sind im Adobe-Baustil (aus Lehm) errichtet.

Mansilla de las Mulas: Ein großer Torbogen lässt ahnen, was für ein großartiges Kloster es hier gab. Hier wütete die Reconquista und erst mit Fernando II. im 12. Jh. wurde sie wieder besiedelt. Es war Sitz des Grafen Benavente und wurde ausgestattet mit Sonderrechten. 1594 fiel die Burg zusammen, heute ist es nur noch eine Ruine. Viele Klöster und Kirchen gab es, einige werden heute anders genutzt.

Man verlässt die Stadt durch das Tor San Augustín und überquert den Esla über die Brücke mit acht Bögen. La Ribera del Esla (der Eichenwald) wurde Heimat einiger wichtiger Klöster. Heute sind noch drei erhalten. San Miguel de Escalada, 2 km von Mansilla entfernt, Juwel der mozarabischen Kunst. Santa María de Gradefes, Frauen-Zisterzienserkloster, 10 km von San Miguel entfernt, 1168 gegründet, romanisch. Die Kirche aus dem Jahr 1177, romanisch-zisterziensisch. Bemerkenswert ist hier die Kuppel, die einzige in Spanien in einer Frauenkirche. Kloster Santa María de Sandoval, Männerkloster, romanisch-zisterziensisch, 1142 gegründet vom Grafen Ponce de Minerva und seiner Frau Estefanía. In einer Seitenkapelle befinden sich die Sarkophage der Gründer.

Die aus Lehm gebaute Kirche in El Burgo Ranero

Der Weg zwischen Reliegos und Mansilla de las Mulas

Etappe 17

León – nachdem Spanien durch die christlichen Armeen von den Mauren zurückerobert wurde, gewann León erheblich an Bedeutung. Sie löste die alte nördliche Küstenhauptstadt Oviedo ab, sodass León im 10. Jahrhundert selber Hauptstadt des Königreiches Asturien-León wurde und dies auch drei (3) Jahrhunderte blieb. Danach wurde sie von Toledo und noch später von Madrid abgelöst.

Das führte die Stadt in den Dornröschenschlaf, woraus sie auch nicht wieder vollständig erwachte. Es gibt natürlich viele alte Gemäuer, welche aus der alten Zeit Zeugnis tragen, unter anderem die Kathedrale mit Baubeginn um 1250 und mit Fertigstellung erst im 16. Jahrhundert.

21. April 2013

» Heute war mal Relaxen angesagt. Frühstück gab es ab 9:00 Uhr und Abmarsch war um ca. 9:45 Uhr. Wir hatten heute nur schlappe 19 km bis León zu laufen.
Gemeinsam verließen wir das Haus und gingen fast wortlos nebeneinander her. Irgendwie war es heute anders als sonst. Obwohl die Strecke körperlich weniger anstrengend war, schliefen wir beim Gehen fast ein. Die Luft war bei uns beiden irgendwie raus. Die Beine waren schwer wie Blei und die Fußsohlen brannten höllisch. Es erinnerte mich an den Einmarsch nach Burgos. Im Hotel angekommen, habe ich mich aufs Bett fallen lassen, alle Viere von mir gestreckt und die Schuhe von meinen Füßen gestreift. Dabei stellte ich fest, dass sich zwischen meinem dicken Zeh und dem daneben eine dicke Blase eingenistet hatte. Schon holte Paul, die gute Seele, das OP-Besteck heraus, und die Blase wurde kurzerhand chirurgisch entfernt. Wie beim Einmarsch in Burgos plagte uns auch heute der Hunger, und wir saßen nun um 17:30 Uhr komplett erschöpft direkt neben der Kathedrale. Ich war mir sehr sicher, dass ich noch vor Sonnenuntergang im Bett liegen würde.
Das war bisher mein schwerstes Stück Weg, ich fühle mich halb tot. Darum für heute: „Adios Senoritas, Senoras y Amigos". «

Profil Etappe 17 (E17), 19 km

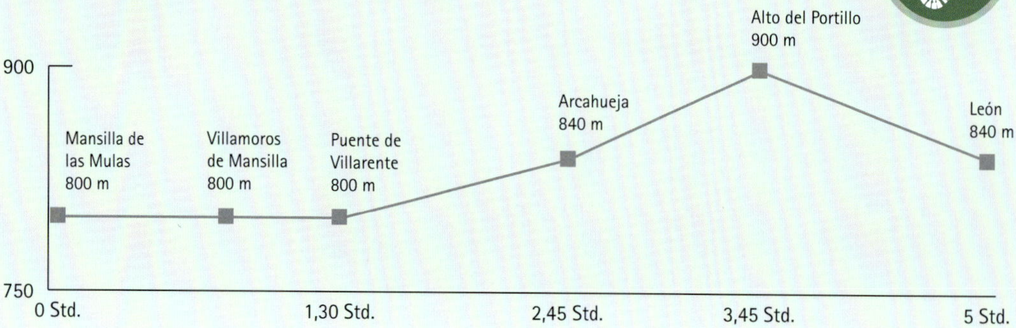

Sehenswürdigkeiten und Wissenswertes auf dem Weg

León: Stadt römischen Ursprungs, gegründet von der VII Legion als militärisches Lager im Jahr 70 unserer Zeit. Bald entstand eine zivile Siedlung umgeben von Mauern und Türmen. Aus der westgotischen Zeit ist nichts erhalten, man weiß nur, dass ein Kloster San Claudio existierte, gebaut über das Grab des Märtyrer. León blieb unbewohnt nach dem Überfall der Mauren. Bald darauf kam der Bischofssitz und viel Klöster wurden gebaut. Aymeric nannte

Der große Marktplatz von León

die Stadt: Curial, königlich und voll Glück. León ist monumentalistisch. Vier davon sind die wichtigsten der Stadt: Die Römische Mauer, die Basilica San Isidoro, die Kathedrale Santa María und das Kloster San Marcos. Man findet aber auch Gaudi Werke oder Paläste von Gúzman, heute die Stadtverwaltung. Catedral de Santa María: Schatz der Gotik, reine Schönheit und perfekt in den Linien. Baubeginn im Jahre 1205 mit wunderschönen, 1800 qm Glasfenstern - 5 Toren, die schönste die Virgen Blanca, sehr verehrt bei den Pilgern. Die ganze Kathedrale ist ein Museum, dazu gehören die Altäre, die Bilder, die Gitter und die Gräber. Im Innern befinden sich zwei Museen voller religiöser Kunst aus allen Epochen.

Colegiata Basílica de San Isidoro: Hier befindet sich eine Sammlung von Architektur, Kunst, Malerei, Schmiedekunst, Teppiche und historische Dokumente. Gebaut über zwei präromanischen Tempeln, zerstört von Almanzor, der bis Santiago zog und alles niedermachte. Fernando der I. ließ 1063 den ersten romanischen Tempel bauen, der als Panteón Real bestimmt wurde. Bei der Ankunft San Isidoro aus Sevilla wurde dieser geweiht. Die Tochter Doña Urraca erweiterte ihn und Alfonso der VII beendete den Bau 1149. Es handelt sich um einen dreischiffigen Kreuzbau mit Kreuzgängen, Hunderte von Säulen schmücken das Ganze. Bemerkenswert sind zwei Tore der Kirche. Eins - genannt Tor der Gnade - wo die Pilger in den Tempel eintraten, um Gnade zu erbitten. Durch das zweite Tor verließen die Pilger die Kirche, von ihren Sünden befreit. Geschaffen von Maestro Esteban, Architekt auch in Santiago de Compostela. Im Panteón Real sind 23 Könige und Königinnen bestattet, genannt Capilla Sixtina.

Die wunderschöne Malerei mit christlichen Botschaften in der Decke und dem Bogen stammen aus dem 12. Jahrhundert. Im Museum befinden sich viele wertvolle Schätze, z.B. eine westgotische Bibel aus dem Jahre 960. Aymeric sagt: Diese Kirche muss man besuchen, weil der HL. Isidoro dort begraben ist, einer der wichtigsten Heiligen des Jakobswegs, aufgrund der Schriften, die er der Kirche und den Gläubigen hinterlassen hat.

Blick auf San Isidoro

Etappe 18

22. April 2013

„Ich weiß nicht, was gestern mit mir los war, ich habe es kaum ins Hotel geschafft. Mein gesamter Körper wehrte sich gegen etwas, selbst das Einschlafen fiel mir sehr schwer, obwohl ich todmüde war. Meinem Paul ging es da zum Glück schon besser. Er schlich noch etwas durch die Stadt. Heute Morgen fühle ich mich aber schon bedeutend besser, obwohl mein rechter Fußrücken etwas geschwollen und grünblau angelaufen ist. Laut Pauls Diagnose habe ich mir wohl eine Gefäßverletzung zugezogen. Nach einer kurzen Lymphdrainage und Massage des Fußes, sowie des Versorgens der gestrigen Blase an meinem Fuß, ging es dann endlich wieder los. Es ist schon seltsam. Trotz des Leidens freut man sich immer wieder auf den nächsten Tag. Es gleicht einer Sucht. Heute habe ich Paul gesagt, dass ich nicht wie gestern dahin schleichen möchte, denn da hatten wir für 19 km fünfeinhalb Stunden benötigt, was vermutlich auch die Ursache für meine Erschöpfung war. Nachdem wir heute kurz vor 10:00 Uhr das Hotel verlassen hatten, um uns den begehrten Stempel für unseren Pilgerpass in der Kathedrale abzuholen, wurde noch das Taxi für den Nachmittag organisiert.

Ja, ihr lest richtig, denn heute gehen wir lediglich 13 km und lassen uns von dort wieder nach León ins Hotel fahren, so wie wir es bereits von Burgos nach Hornillos gehandhabt haben.

Der Grund dafür ist, dass die anschließende Tour 38 km lang ist, und das möchten wir uns nach den gestrigen Strapazen nur äußerst ungern antun. Wir fanden allerdings, es wäre eine gute Idee, ein Stück des Weges heute schon zu gehen, obwohl wir ursprünglich für heute einen freien Tag in Leon geplant hatten. Das ist auf jeden Fall besser, als zu schummeln und

Die Kathedrale von León

Profil Etappe 18 (E18), 13 km

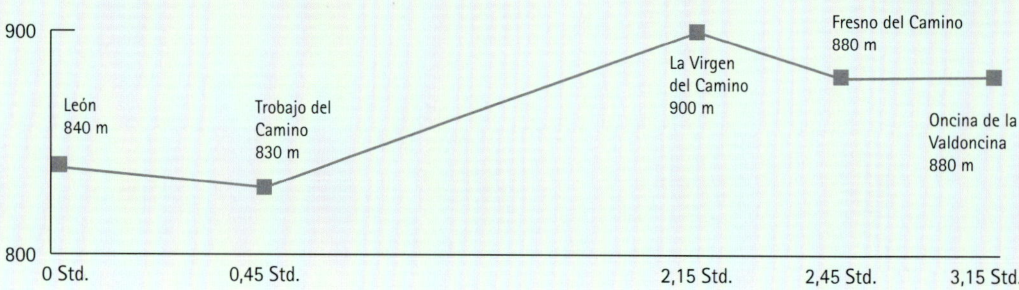

ein Stück mit dem Bus oder dem Taxi zu fahren. Allerdings muss ich dazu noch anmerken, dass wir uns heute Morgen bei der Kathedrale das letzte Mal gesehen haben und da wir in der Vergangenheit des Öfteren „nur Spanisch verstehen", wenn uns der Weg zur Stempelstelle erklärt wurde, steht es in den Sternen, wo und wann genau wir wieder aufeinander treffen. Ich saß nun seit etwa einer halben Stunde ca. 6 km vor unserem heute geglaubten Ziel, und genoss gedankenverloren bereits einen zweiten Café con Leche, als plötzlich mein Freund und Begleiter Paul leibhaftig vor mir stand. Nach einer kurzen Begrüßung fragte ich ihn, wo er in den letzten Stunden denn abgeblieben sei und wo er seinen Stempel bekommen habe. Er hatte ihn genau da erhalten, wo auch ich meinen Pass hatte abstempeln lassen. Und dabei hatte ich ihm zuvor noch schmunzelnd gesagt „er solle immer mir nachgehen, denn da wo ich bin ist vorne"! Aber wer nicht hören will, muss fühlen und so kam es wie es kommen musste: Paul drehte nach seinen eigenen Worten ein paar Extrarunden in Leon. Ab hier liefen wir nur nach dem Motto „Niemand weiß, was der Tag so an Überraschungen noch bereit hält – gehen wir los". Paul wollte aber ab hier mal selber vorangehen und zog ohne auf mich zu warten davon.

Wie immer lief ich den Camino-Markierungen nach, bis mir am Ortsausgang von La Virgen del Camino ein sehr unsicher wirkender französischer Pilger auffiel, der nach dem Weg suchte, und ich ihn einfach auf die gelben Pfeile hinwies, die den Camino markieren. Er zeigte mir jedoch in seiner Karte eine Abkürzung, die er nehmen wollte, und ich dachte mir, dass er wohl auf einem anderen Weg unterwegs sei und ließ ihn ziehen. Nachdem ich ca. 1 km weiter gelaufen war, kam mir das Pärchen aus Boston entgegen, mit dem wir bereits bei der letzten Café-Pause geplaudert hatten. Ich verstand die Welt nicht mehr. Wo wollten die denn hin?! Ohne nachzufragen lief ich unbeirrt weiter und zog weiter meines Weges entlang der gelben Pfeile. Irgendwann stellte ich allerdings fest, dass mein Weg mittlerweile an einer stark befahrenen National-Straße (N 120) entlang führte. Auch waren die Pilgerströme hier nicht gerade üppig, um nicht zu sagen – kein Mensch weit und breit. Nach Durchschreiten von zwei weiteren Ortschaften beschloss ich nun, doch mal meinen Reiseführer herauszunehmen und stellte mit Entsetzen fest, dass ich den falschen Pfeilen nachlief. Falsch insofern, weil es hier für diesen Streckenabschnitt nach Santiago zwei Wege gibt, die man gehen kann. Ich hatte zielsicher den zwar kürzeren Weg eingeschlagen, der allerdings parallel zur N 120 verlief. Die Alternative wäre länger gewesen, aber ich hätte die pure Natur genießen dürfen. Na klasse, dachte ich. Zum Umkehren war es zu spät, denn es war schon ca. 14 Uhr und ich hatte nur noch eine Stunde Zeit, um an dem mit Paul verabredeten Treffpunkt zu erscheinen, wo uns ein schon vorbestelltes Taxi abholen sollte.

Zurück gehen und dann den anderen Weg nehmen, hätte ab hier mindestens zwei bis zweieinhalb Stunden gedauert. Da ich aber die Pünktlichkeit in Natura bin (lässt sich leider auch hier nicht ganz abstellen), beschloss ich kurzerhand einen Bauarbeiter, der auf einer Treppenstufe dösend seine Mittagspause machte, davon zu überzeugen, mich mit seinem Auto zur ca. 5 km entfernte Alternativstrecke zu chauffieren.

Mein Taxi

Zum Glück konnte er meinem offensichtlich perfekten Spanisch folgen und setzte mich dort ab. Als er schon weg war, stellte ich zu meinem Entsetzen fest, dass ich von diesem Ort noch ca. 6 km zurück Richtung León laufen musste, um an den eigentlich verabredeten Taxi-Treffpunkt zu gelangen.

Quasi so, als wenn ich von Santiago kommen würde. Für diese Strecke blieben mir nun lediglich noch ca. 20 Minuten! Bei aller Liebe, aber das war einfach nicht zu schaffen. Ich war mir aber sicher, dass Paul anrufen würde, wenn das Taxi am vereinbarten Ort eintreffen würde und von mir noch nichts zu sehen ist. Für diesen Fall hatte ich mir bereits überlegt, dass er mir mit dem Taxi über den staubigen Pilgerweg entgegenkommen sollte. Aber da hatte ich mir falsche Hoffnungen gemacht. Nicht, dass mich niemand angerufen hätte, nein, im Gegenteil: Innerhalb von dreißig Minuten erhielt ich mindestens fünf Anrufe von Personen, die Herrn Klein sprechen wollten. Das war ja schön und gut, aber das Problem bestand darin, dass beide Seiten nur „Spanisch verstanden". Vermutlich lag es an deren äußerst seltenem Dialekt. Aber soweit kombinierte ich, es könnte ja auch der Taxifahrer sein, der uns abholen sollte, und bat ihn, mir Paul ans Telefon zu holen. Es tat sich aber nichts und da war mir gleich klar, dass auch Paul noch nicht da gewesen sein konnte. Das bedeutete für mich, dass ich wieder den ganzen Weg zurück nach Leon gehen musste.

Dann erreichte mich aber zum Glück der letzte und erlösende Anruf einer Frau, die mir in gebrochenem Deutsch erklärte, ich solle bis zum nächsten Ort gehen und dort einen Spanier bitten, sie zurückzurufen, um ihr meinen Standort mitzuteilen. „Gute Idee", dachte ich, „niemand weiß, was der Tag so an Überraschungen bereit hält. Los geht's!". Auf dem Weg begegneten mir diverse andere Pilger, die mich mit großer Bewunderung ansahen, weil sie wohl vermuteten, dass ich auf dem Rückweg von Santiago sei. Aber es gab auch sehr verdutzte Blicke, nämlich von dem vermeintlich unsicheren Franzosen und dem Pärchen aus Boston von heute Mittag. Leider spreche ich weder Französisch noch Englisch, so dass ich zu meinem Leidwesen ihnen nicht erklären konnte, warum ich Depp den ganzen Weg wieder zurücklaufen musste.

Als ich endlich am Zielort in Oncina de la Valdoncina angekommen war, klopfte ich an eine Haustür und bat die öffnende Signora, mit der Anruferin zu telefonieren, die mich zuvor in gebrochenem Deutsch angerufen hatte, um ihr zu erklären, wo man mich aufgabeln konnte, um mich ins Hotel nach León zu bringen. Nach einem kurzen Telefonat hieß es nur, das Taxi sei „in dreißig Minutos hier". Schön. Somit hatte ich noch Zeit, mich auf die kleine Plaza zu setzen und zermarterte mir den Kopf darüber, wo Paul wohl abgeblieben sein konnte. Ohne Witz – fünf Minuten nachdem die Signora aufgelegt und ich mich auf den Platz gesetzt hatte, bog mein Paul mit ca. einstündiger Verspätung um die Ecke. Es ist wirklich unbeschreiblich und fast unglaubwürdig, was ich nun berichte. Paul hatte denselben Weg wie ich nach San Miguel eingeschlagen und kurz vor mir mit demselben Bauarbeiter gesprochen, der ihn allerdings fünfhundert Meter weiter in eine Bar geschickt hatte, da er sein Anliegen nicht verstanden hatte. Ich sage ja immer, wie wichtig es ist, Fremdsprachen zu beherrschen. In der Zwischenzeit war ich vorbei gekommen und hatte den pausierenden Arbeiter zum Transfer überredet. Vermutlich hatte er Sorge, dass noch mehr Pilger kämen und er nie dazu kommen würde, von seinem bocadillo abzubeißen. Es ist zum kaputtlachen: Ich fahre, ohne

Fußgängerzone in León

es zu ahnen, an Paul vorbei und er läuft den gekommenen Weg bis zu der Gabelung zurück, um dann den Alternativweg durch die Natur zu unserem verabredeten Treffpunkt zu laufen.

Mit nur einer Stunde Verspätung stießen wir dann wieder an unserem Taxitransfertreffpunkt zusammen. Unser Taxifahrer war zum Glück sehr freundlich und kein bisschen sauer darüber, dass er die Fahrt zweimal fahren musste. Was wir zu dem Zeitpunkt aber nicht wussten war, dass seine Entspanntheit offensichtlich daher kam, weil er im Gegensatz zu uns schon wusste, dass er sich die Fahrten auch beide bezahlen ließ. Dummheit darf bestraft werden. Als wir endlich im Hotel angekommen waren, grinsten uns die Damen und Herren an der Rezeption an, denn sie waren die unbekannten Anrufer mit dem „seltenen spanischen Dialekt" gewesen. Sie hatten zum Glück alles dafür getan, dass wir unser Hotel für die nächste Nacht auch nutzen konnten.

Aber die Spannung des Tages sollte noch nicht vorüber sein. Nachdem ich meine Wäsche gewaschen und ins Fenster gehangen hatte, wurde zunächst ein Schläfchen gehalten. Paul wäscht seine Kleidung meistens nach mir. Er bemerkte, kurz bevor wir zu einem kleinen Stadtbummel aufbrechen wollten, beiläufig, dass er sich gefreut habe, dass ich ihm auch mal ein freies Plätzchen am Fenster für seine Wäsche gelassen habe. Als ich ihn etwas erstaunt fragte, wo er denn mein Hemd

In der Innenstadt

gelassen hat, sagte er, dass dort keins hing, als er seine Wäsche aufgehangen habe. Es hatte sich davon gemacht und war aus dem fünften Stock vom Winde verweht auf einem Vordach im zweiten Stock gelandet. Um dorthin zu gelangen, mussten wir die Damen und Herren der Rezeption nochmals belästigen und ernteten wieder schmunzelnde Gesichter. Zum Glück war das an das Vordach angrenzende Zimmer nicht belegt und Paul konnte zum Amüsement der Fußgänger und des gegenüberliegenden Taxistands durch das Zimmerfenster aufs Vordach klettern, um das Hemd zu bergen. Ich glaube, wir haben hier in Leon an diesem Nachmittag alle ein wenig durcheinander gebracht. Um dem Hotelpersonal ein kleines Dankeschön auszusprechen, brachte ich auf dem Rückweg einen Blumenstrauß für die Rezeption mit. Ich denke für heute reicht es, und ich schließe den Tagesbericht. “

Sehenswürdigkeiten und Wissenswertes auf dem Weg

Man verlässt León über die Brücke San Marcos,16. Jh., über den Bernesga. Der Weg durchquert Trobajo del Camino, wie der Name es verrät. Bald wird die Kapelle von Santiago aus dem Jahr 1777 erreicht. Am Ende von Trobajo befindet sich das Santuario de la Virgen del Camino. Laut einer Legende erschien einem Hirten an dieser Stelle die Mutter Gottes. Aus diesem Grund wurde die Kapelle gebaut. 13 Statuen schmücken die sechs Meter hohe Fassade, auf der Pfingsten dargestellt wird.

Valverde la Virgen: Ein sehr altes Dorf, bereits im 10. Jh. erwähnt.

San Miguel del Camino: Im 13. Jh. gab es hier ein Pilger-Krankenhaus.

Etappe 19

■ Das bedeutenste Bauwerk des Ortes Hospital de Órbigo bleibt keinem Pilger unentdeckt, da jeder diese Flußbrücke benutzen muss. Sie ist gewaltig und von anmutender Schönheit. Mit dieser Brücke verbindet man eine alte Geschichte des Ritters Suero de Quinones. Dieser hatte einer schönen Frau zu Ehren ein Gelübde abgelegt, jeden Donnerstag eine Halsfessel anzulegen. Um dies ritterlich zu beenden, veranstaltete er im Jahre 1434 ein großes Turnier. Mit neun Begleitern kämpfte er drei Tage lang und zwar zwei Wochen vor und zwei Wochen nach dem Tag des Apostels am 25. Juli gegen jeden durchziehenden Ritter. Er stellte alles Notwendige wie Unterkunft und Tribüne zur Verfügung. Von dem Gelübde wurde er daraufhin freigesprochen und stiftete die Halsfessel der Kathedrale in Santiago. Das Turnier wird seit dem Jahre 2000 nachgestellt, wobei sich die Dorfbewohner und sonstige Teilnehmer wie im Mittelalter kleiden.

23. April 2013

” An diesem Morgen ließen wir uns mit dem Taxi an den Ort fahren, wo ich gestern entgegen der Pilgerroute nach Santiago wieder in Richtung Leon gegangen bin. Wir starteten motiviert: „Auf zu neuen Taten“. Nach ca. 10 km kamen wir in einen kleinen Ort, an dessen Ortseingang eine sehr schöne, neu gebaute Albergue stand. Dort gab es eine wunderbare Außenterrasse inklusive einer kleinen Rasenfläche mit Liegestühlen. Wir beschlossen, hier an dieser Stelle unsere morgendliche Cafépause zu machen. Praktischerweise konnten wir hier auch gleich unseren Pilgerstempel erhalten, so dass wir das dann schon mal erledigt hatten. Aber dann passierte uns etwas, wovor sich jeder Pilger fürchtet: Das Erste wäre, dass der Weg durch Krankheit oder Tod abgebrochen werden muss. Und das Zweite wäre der Verlust des Pilgerpasses, denn damit verliert man auch seine Identität als Pilger. Wir bemerkten hier an Ort und Stelle, dass Paul seinen Pass verloren hatte – zumindest war er unauffindbar. Wir waren beide ratlos und erschrocken, denn so etwas passiert doch immer nur den anderen, oder?

Wir trösteten uns damit, dass, wenn ein Pilger oder eine Pilgerin ihn finden würde, er oder sie ihn sicherlich Paul zuschicken wird. Wir suchten nach einem Ersatz für seinen Pass, und Paul beschloss zunächst, sich die folgenden Stempel auf ein paar ausgesuchte, leere Seiten in seinem Tagebuch stempeln zu lassen. Aber es gab noch eine bessere Lösung. Die Herberge stellte Paul einen neuen Pass zur Verfügung. Das war aber natürlich nur ein schwacher Trost, denn all die bisher schon hart erarbeiteten Abschnitte waren nun nicht mehr nachweisbar. Immerhin waren das bisher schon mehr als die Hälfte unserer Gesamtstrecke von

Profil Etappe 19 (E19), 25 km

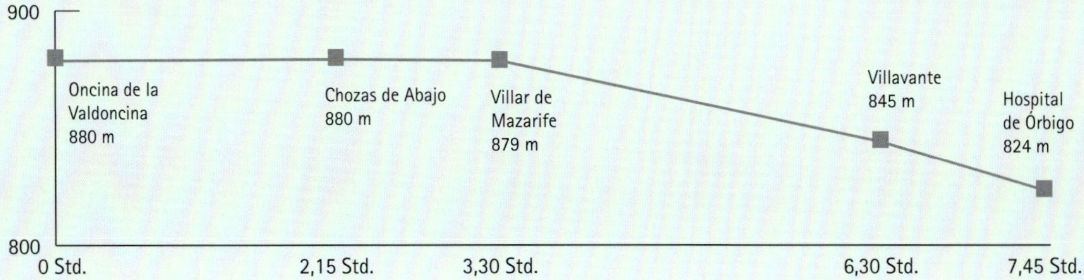

750 km. Wie man sich vorstellen kann, war das kein guter Moment, und wir denken nicht gerne daran zurück. Gott sei Dank nahm Paul sich das nicht so zu Herzen und war weiterhin frohen Mutes.

Am heutigen Tag war unser Ziel Hospital de Órbigo. Als wir dem Ziel näher kamen, trafen wir auf einen Fluss mit einer gigantischen, historischen Brückenkonstruktion. Die Brücke war geschätzte 250 m lang und führt über den Rio Órbigo. Gleich auf der gegenüberliegenden Seite am Ende der Brücke stand ein großes Gebäude mit der Aufschrift „Hostel". Nach einem Blick auf unseren kleinen Ortsplan stellten wir fest, dass dies gegebenenfalls unsere Unterkunft sein könnte. Am anderen Ende der Brücke angekommen, wurde uns dies zum Glück bestätigt. Wir waren froh, für heute angekommen zu sein. Unser Zimmer im 1. Stock hatte einen direkten Blick auf den Fluss und die Brücke. Der Ausblick war schon bei Tag etwas Besonderes, steigerte sich aber bei Nacht aufgrund der Brückenbeleuchtung nochmals. Wir beschlossen, das Abendessen hier bei dem freundlichen Wirt einzunehmen.

Wir speisten vorzüglich. Paul bekam vorweg eine Fischsuppe mit Hummerzangen und Riesengarnelen und ich einen Salat. Danach aßen wir jeder ein Steak und waren überrascht von der hervorragenden Qualität, denn zuvor waren wir immer etwas enttäuscht, wenn wir Fleisch gegessen hatten. Als wir die Rechnung für unsere Schlemmeressen bekamen, verschlug es uns jedoch kurzzeitig die Sprache, denn der Preis übertraf das 4-fache eines normalen Pilgermenüs an sonstigen Abenden und ein schlechtes Gewissen ob dieser Völlerei machte sich breit.

Um ca. 21:00 Uhr schauten wir uns dann noch mit verschiedenen Spaniern und anderen Pilgern die zweite Halbzeit des Champion-League-Spiels FC Bayern München gegen FC Barcelona an. Wie allgemein bekannt, gewann Bayern München mit 4:0 und wir haben mordsmäßig gebrüllt. Die Spanier hielten sich trotz dessen dezent zurück.

Um ca. 22:00 Uhr verabschiedeten wir uns aus der Runde und gingen zur Nachtruhe auf unser Zimmer. **“**

Die mittelalterliche Brückenkonstruktion von Hospital de Órbigo

Sehenswürdigkeiten und Wissenswertes auf dem Weg

Villadangos: Alte römische Siedlung, berühmt geworden wegen der Schlacht von 1111 zwischen den Truppen von König Alfonso (Aragonés) und seiner Frau Urraca, Königin von León. Die Kirche ist Santiago gewidmet, in der Fassade erscheint die berühmte Schlacht von Clavijo. Im Hauptaltar wird Santiago als Maurentöter dargestellt, in der Calle Real ist ein Hinweis auf das Pilger-Krankenhaus.

San Martin del Camino: Auch hier gab es ein Pilger-Krankenhaus. Die Kirche ist dem Bischof von Tours geweiht. Andere Väter der Pilgerschaft werden mit ihm im Hauptaltar dargestellt: San Miguel, San Antonio Avad und San Roque.

Puente del Órbigo: Berühmt wegen der mittelalterlichen Brücke, die Geschichte schrieb. Hier war der Paso Honroso, der im Heiligen Jahr 1434 Suero de Quiñones mit 10 Rittern verteidigte wegen der Liebe zu einer Frau. Er hängte sich einen Ring um den Hals und versprach, während eines Monats die Brücke zu verteidigen oder 300 Pfeile zu zerbrechen. Don Suero forderte die Ritter aus Europa heraus, außer König Juan II. Als der 9. August vorbei war, machten er, obwohl verletzt, und seine 10 Ritter, sich auf den Weg nach Santiago de Compostela. Diese Geschichte wird nie vergessen und jedes Jahr am 10. Juli gefeiert. Diese Brücke war Zeuge vieler blutiger Kämpfe, auch im Jahr 452 zwischen den Sueven und den Westgoten.

Hospital de Órbigo: Der Ritterorden von San Juan de Jerusalém war hier und führte das Pilger-Krankenhaus. Die Kirche aus dem 17. Jh. ist Johannes dem Täufer gewidmet. Im Hauptaltar befindet sich ein Stern mit acht Spitzen, Symbol der Johanniter. Die Ruinen dieses Krankenhauses sind heute noch zu sehen.

Marktplatz mit Kirche und Innenstadtansicht von Hospital de Órbigo

Etappe 20

■ Astorga hat noch viel seiner römischen Geschichte behalten, was man an vielen Details wiedererkennen kann. Zum Beispiel an den Stadtmauern, errichtet zwischen dem 3. und 13. Jahrhundert, sowie an den römischen Häusern, Thermen und Kanalsystemen.

Ebenfalls zeugen die Überreste der römischen Zeit davon, die in einem kleinen römischen Museum ausgestellt sind. Auch die Kathedrale ist ein wichtiges Zeugnis des Mittelalters. Sehenswert ist auch die Ausstellung zum Jakobsweg im sogenannten Bischofspalast, welcher burgartig in den Jahren 1889-1913 durch den wohl bekanntesten spanischen Architekt und Baumeister Antoni Gaudi in neogotischen Stil errichtet wurde.

24. April 2013

» Guten Mutes verließen wir heute so um 9:30 Uhr unser Hotel und zogen ein letztes Mal durch den Ort in Richtung unseres Tagesziels, das heute nur 18 km weit entfernt lag.

Es ist mir mittlerweile unangenehm, solche kurzen Strecken vor mir zu haben, denn in der Regel bin ich danach kaputter als wenn ich 30 km zurückgelegt habe. Die Vegetation hat sich seit Leon verändert. Es gibt nicht mehr nur Felder mit Korn, sondern jetzt auch wieder Weinreben, Kartoffelfelder und Weidewirtschaft. Heute haben wir einen Höhenunterschied von nur 100 m zurückgelegt. Das stellt zwar eine willkommene Abwechslung zu den nicht enden wollenden Geraden dar, ist aber auch wenig aufbauend, wenn man sein Ziel schon Stunden vorher sieht, sich diesem aber nur langsam nähert.

Wie an jedem der letzten Tage hatte der Mann mit dem grünen Handtuch auch heute leider nichts in seiner mobilen Praxis zu tun. Die Leute haben sich wohl bereits an die Schmerzen gewöhnt und laufen einfach den ihnen vorgegebenen Weg. Heute hatte ich mal wieder Fotos von den unterschiedlichen Vegetationen und auch von einem Tempel schießen können.

Profil Etappe 20 (E20), 18 km

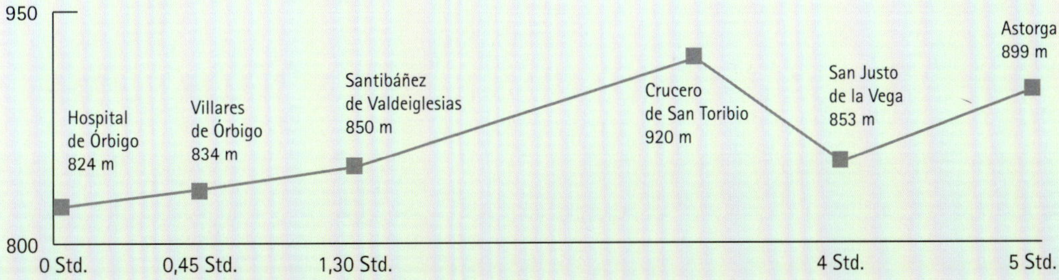

Auf dem heutigen Hochpunkt, dem 920 m hohen Crucero de San Toribio, welcher über der Ortschaft San Justo de la Vega liegt, konnten wir bereits ca. 6 km in der Ferne unseren Zielort Astorga, gelegen auf einer Bergkuppe, sehen. Er lag im herrlichsten Sonnenlicht und sah mit seiner über alle Dächer hinweg ragenden Kathedrale sehr einladend aus.

Die letzten Kilometer und der erneute Aufstieg zum Ortszentrum verlangten unsere letzten Kraftreserven. Dann endlich in der Mitte der kleinen Stadt, direkt am Marktplatz gelegen, unser kleines Drei-Sterne-Hotel. Wir glaubten, es ist die beste Unterkunft im Ort. Kurz eingecheckt und das Zimmer aufgesucht, natürlich mit Blick auf den Marktplatz. Dann musste ich mich erstmal aufs Bett legen und ausruhen. Paul ergriff sofort die Chance und ging heute als erster ins Bad, machte sich frisch und wusch seine Wäsche. Nach der kurzen Rast ging es ins schöne Städtchen zur Kathedrale und zu einem überraschend imposanten Gebäude, das daneben steht. Es ist ein Gebäude von dem bekannten spanischen Architekten Antoni Gaudi. Ein Bischhofspalast, dessen Errichtung von 1887 bis 1893 dauerte. Es heißt, Gaudi habe seine Arbeit auf Grund von Uneinigkeiten mit dem Auftraggeber niedergelegt, obwohl das Gebäude noch nicht fertiggestellt war. Die Arbeiten wurden dann erst zwischen 1907 und 1915 von einem anderen Architekten beendet. Danach besichtigten wir die Kathedrale, beteten und sinnierten über das bereits Erlebte und über das, was wohl noch kommen sollte. Hier trafen wir auf einen alten deutschen Pilger, der schon seit 2001 nach Lust und Laune den Weg Stück für Stück abläuft und einen wertvollen Tipp für unsere Rückreise parat hatte.

Ursprünglich wollten wir mindestens das erste Stück von Astorga bis nach Leon oder auch weiter trampen, aber der alte Mann teilte uns mit, dass er heute mit der Bahn aus Bilbao angekommen sei. Warum nicht Bahnfahren? Schlimmer als die Deutsche Bahn kann es ja nicht sein, oder? Wir fanden die Idee hervorra-

Blick auf Astorga vom Crucero de San Toribio, und im Hintergrund die Montes de León

gend und holten uns umgehend die Fahrkarten mit Sitzplatzreservierung. Manchmal tut es sehr gut, hier und da mal eine deutschsprachige Unterhaltung mit anderen Menschen zu führen. Nach unserem Abendessen gegen 19:00 Uhr rückten wir alle auf der Terrasse vor dem Hotel zusammen und es wurde das zweite Halbfinalspiel Dortmund : Real Madrid geschaut. Wir sind gespannt, ob wir heute eins auf die Mütze bekommen! Aber wir hatten Glück und unsere Jungs gewannen, so dass nun im Endspiel Dortmund gegen Bayern München spielen wird. Das wird ein Spektakel.

Mich selber hatte der Tag wieder einmal etwas mitgenommen. So zog ich es vor, die zweite Halbzeit auf dem Bett liegend in unserem Zimmer anzusehen. Der Plan ging leider nicht auf. Unser Fernseher hatte zwar 40 Programme, aber genau der mit dem Spiel war nicht dabei. Egal, ich war ohnehin totmüde und kein wirklicher Fußballfan. So warf ich noch einen kurzen Blick von unserem Balkon auf den schönen Platz davor und fiel in die Federn.

Morgen war schließlich der letzte Pilgertag unseres zweiten Teils. Und ich muss – schwankend zwischen Hoffnung und Überzeugung von einem schönen morgigen letzten Stück Weg – sofort eingeschlafen sein. **“**

Sehenswürdigkeiten und Wissenswertes auf dem Weg

Astorga: La Asturica Augusta der Römer ist strategisch sehr wichtig. Sechs Straßen kreuzten sich hier und acht begannen. Die Römer bauten eine Stadtmauer und die Christen gründeten dort den ersten bischöflichen Sitz Spaniens. Die Stadt besitzt viele archäologische Überreste aus der Römerzeit: das Abwassersystem, Mosaikkunst, Malerei und die sogenannte Ergástula, das Gefängnis der Römer. Der Westgote Teodorico zerstörte im Jahr 457 die Stadtmauer, Almanzor von den Mauren vernichtete sie total. Zwei Jakobswege durchqueren die Stadt. Die Via de la Plata, aus Sevilla kommend, und die Camino de Francés von Osten. Beide verlassen zusammen die Stadt. 1212 baute Franz von Assisi persönlich ein Kloster mit Kirche, die bis heute existiert. Von Mönchen geführt, beherbergt sie heute eine Knabenschule. Weitere Monumente: Kirche Bartolomé, Heiligtum Fátima, das Rathaus, Monumento de los Sitios, um die Erinnerung wachzuhalten, wie die Stadt gelitten hat durch die Truppen von Napoleon, Kirche Santa Marta und zuletzt die Kathedrale Sant María. Man erkennt die zwei Stile, gotisch und barock. Der Hauptaltar von G. Becerra ist wunderschön, mit vielen Darstellungen der Mutter Gottes, eine davon aus dem 11. Jh., auch das Gestühl und die Kanzel sind aus feinster Holzarbeit. Hier befindet sich auch ein Museum mit großartiger sakraler Kunst, einzigartig in Spanien.

Palacio Episcopal: Baubeginn 1889, neugotischer Stil, von dem berühmten Architekten Gaudí. Heute befindet sich dort das Museum der Wege mit Exponaten des gesamten Jakobsweges und epigraphischen Schriften der römischen Wege und aus dem Gebiet der Maragata.

Etappe 21

■ Auf dem Weg nach Rabanal kann man sich endlich an den bewaldeten Hängen und kleinen Grünflächen erfreuen. Die ewigen Monokulturen der Getreidefelder scheinen wir hinter uns gelassen zu haben.

Rabanal selber ist wie viele vorherige Dörfer, ein aus Steinblöcken errichtetes Dorf, mit Gebäuden, die mit den Mauern als Einfriedung umgeben sind. Der Ort hatte im Mittelalter für die Pilger große Bedeutung, denn hier konnten sie sich vor dem kommenden Anstieg auf die gefürchteten Montes de Leon sammeln. Denn zu dieser Zeit lauerten oftmals schlechtes Wetter, Räuber und nicht zuletzt die Wölfe auf die Pilger. Es war zu jener Zeit einer der gefährlichsten Streckenabschnitte.

25. April 2013

❞ Heute haben wir wieder einmal länger geschlafen, da ich vergessen hatte, den Wecker zu stellen. Aber es war ja auch keine Eile geboten, da unsere letzte Etappe nur ca. 20 km lang war und nur einen leichten Anstieg von 900 m auf 1.160 m hatte. Das war im Vergleich zu den anderen Tagen sehr übersichtlich. So zogen wir erst gegen 10:00 Uhr los und hofften auf einen ereignisreichen Tag. Wie wir ja alle wissen, die Hoffnung stirbt zuletzt. Und genau so sollte es sein. Es wurde der schönste und spannendste Tag dieser Tour. Zumindest nach meinem Empfinden war es so. Der heutige Weg führte uns durch die unterschiedlichsten Vegetationen, und die schneebedeckten Berge im Hintergrund rundeten den Blick in die Landschaft ab.

Nach ca. 6 km machten wir die erste Rast und ich wollte danach unbedingt mal ein Stück alleine gehen. Ich fotografierte, was die kleine Kiste und die Motive hergaben. Es war, als ob ich heute für die in der Vergangenheit zum Teil grausigen Wegstrecken entschädigt werden sollte.

Die Bar „Cowboy" in El Ganso

Bei unserer letzten Rast beim Cowboy sagte ich Paul, dass ich mich sehr freuen würde, wenn wir heute zum Abschluss nochmal gemeinsam einen Steintempel bauen würden. Paul stimmte zu und ca. 5 km vor unserem Zielort Rabanal sahen wir den perfekten Ort dafür. Zwei außergewöhnlich schöne Blumen,

Profil Etappe 21 (E21), 20 km

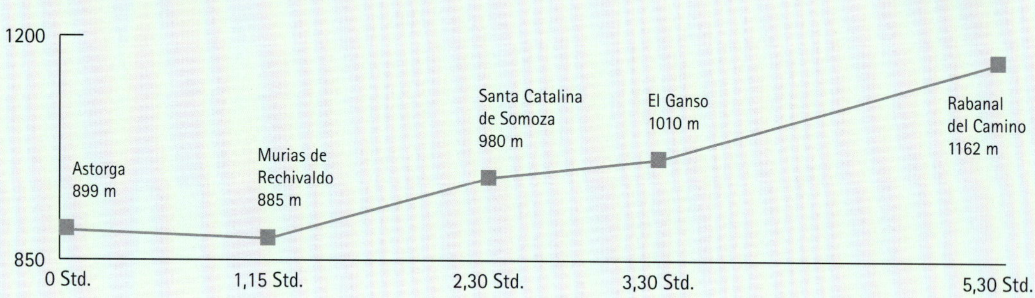

im Hintergrund wieder die schneebedeckten Berge. Perfekt. Hier sollte er entstehen. Den Baustil des Tempels, sprich die Anordnungen der verschiedensten Steingrößen und Formen, hatte ich mir bereits gestern im Groben überlegt. Auf dem Kopf stehend sollte er etwas symbolisieren, was ich Paul zunächst nicht mitteilte. Bisher hatte ich immer einen großen Stein als unterstes Fundament gewählt, auf dem die darauf aufbauenden kleineren Steine sicher lagen. Dieses Mal sollte es aber eben nicht so sein wie sonst, und der schwerste Stein lag oben auf.

Warum ich den Tempel so ausführte und welche Bedeutung dies hatte, habe ich nur Paul und zwei Pilgerpärchen mitgeteilt, die während der Bauphase vorbeikamen und sich wundernd nach dem Sinn des Bauwerks fragten. Nach Erreichen unseres Zielortes Rabanal gab es abschließend noch eine kleine Überraschung: Eine unverschlossene Kirche.

Wie schon erwähnt, war dies bei der zweiten Tour nur selten der Fall gewesen. Lediglich in Burgos, Sagun und Astorga hatten wir Glück. Zwar wurde ein kleiner Obolus als Eintrittsgeld verlangt, aber immerhin, man konnte sie besichtigen, was man auf einer Pilgertour irgendwie auch erwartet. Da wir auf der ersten Tour ausschließlich auf unverschlossene Kirchentüren gestoßen waren, werteten wir diese offene Kirchenpforte als eine Art Belohnung für die Pilger, dass sie sich dem Weg und seiner Irrungen und Wirrungen gestellt haben. Nach zwei kühlen San Miguels in einer Bar ging es mit dem Taxi zurück zu unserem morgigen Abreiseort Astorga, von wo wir am nächsten Mittag, wie zuvor geplant, mit dem Zug nach Bilbao starteten.

Von da ging es dann wieder zurück zu unseren Lieben ins Oberbergische Land. “

Sehenswürdigkeiten und Wissenswertes auf dem Weg

Valdeviejas: Früherer Name Santi Verisimi, hatte auch ein Pilger-Krankenhaus. In der Nähe befindet sich die Kapelle Ecce Homo, direkt am Weg.

Murias de Rechivaldo: Ein typisches Maragato-Dorf. Die Kirche aus dem 18. Jh. ist San Esteban gewidmet, der Weg ist eine alte römische Straße, 2 km entfernt, abseits des Weges, befindet sich Castrillo de los Polvazares. Aber es ist einen Besuch wert auf Grund der typischen Maragato-Architektur. Alles ist hier einzigartig: Die Häuser mit ihren grünen Türen und schwarzen Eisenbeschlägen, der Straßenverlauf und die Tavernen mit dem bekannten Eintopf Cocido Maragato. Die Bewohner heirateten jahrzehntelang untereinander, um unter sich zu bleiben. Ein Berbervolk, das vor vielen Jahren aus Afrika kam und sich dort niederließ. Seine Kultur ist bis heute sehr lebendig.

Santa Catalina de Somoza: Mit dem Beinamen Bajo los Montes (Unter den Bergen). Hier beginnt der Aufstieg bis Foncebadón. Auch hier gab es ein sehr bekanntes Pilger-Krankenhaus. Die Kirche ist der Reinheit gewidmet.

El Ganso: Mit ihren teitadas (Häuser mit Strohdecken) und der Kirche Santiago. Es gab auch ein Kloster und ein Pilger-Krankenhaus. Auch hier durchquert der königliche Weg den ganzen Ort. Zwei Cruceros geben Zeugnis davon am Anfang und am Ende. Nicht weit von hier haben die Römer Gold abgebaut. Die Staudämme für das Waschen des Goldes sind bis heute erhalten. 2 km entfernt auf einer schönen Wiese befindet sich eine Mammuteiche mit dem Namen „El roble del Peregrino", sicherlich sehr wichtig auf dieser Strecke, um Pilgern ihren Schatten zu bieten. Nachdem wir die Kapelle del Bendito Cristo erreicht haben, ist es nicht mehr weit nach Rabanal.

Rabanal del Camino: Hier, gleich wo der Ort beginnt, gab es ein Krankenhaus San Gregorio, gegenüber die prächtige Kapelle San José aus dem 18. Jh. mit goldenen Altären und einer Jacobus-Statue. Weiter oben gibt es das Haus de las Cuatro Esquinas, von dem man behauptet, dass Felipe II. auf dem Weg nach Santiago dort übernachtete. Zuletzt die Kirche Santiago, romanisch, aus dem 12. Jh. Hier waren auch die Templer, die den Pilgern sehr geholfen haben. Eine Chronik aus dem 13. Jh. behauptet, dass Anseis de Cartago Karl den Großen nach Rabanal kommen ließ, die maurische Prinzessin Gaodise sich verliebte in Anseis und nach Rabanal kam, um ihn zu heiraten. Alles verlief nach Plan. Beide Männer, Anseis und Karl der Große, waren von dem Ambiente sehr bewegt. Sie blickten von dem Berg Mont de Ravanel zurück und sahen Astorga, Mansilla und Sahagún.

Auf dem Weg zwischen El Ganso und Rabanal del Camino

Fazit – ein Stück Weg 2013

- Baumlose, karge Landschaften
- Endlose Weiten
- Monokulturen von Kornfeldern
- Einsamkeit
- Windkraftwälder
- Menschenleere Dörfer und Gewerbebetriebe am Tage
- Große Straßen- und Brückenbau-Projekte ohne Verkehr
- Leere Behandlungszimmer (bei meinem Freund Paul mit dem grünen Handtuch)
- Pulsierende Plazas ab 19 Uhr
- Super Wetter (kalt/warm, -1 bis +24 Grad)
- Zweimal wie echte Pilger gelebt und geschlafen
- Blühende Vegetationen am letzten Tag
- Wir freuen uns auf die letzte Etappe mit dem Ziel Santiago de Compostela
- Wir vermissen unsere Pilgerfreunde der ersten Wegstrecke

Ein letztes Mal möchten wir uns auch nochmals bei den lieben Freunden/innen des ersten Teilstücks für die schönen gemeinsamen Stunden bedanken. Es war uns bereits vorher bewusst, dass sich diese Konstellation so nicht wieder ergeben würde.

Diesmal war es völlig anders und wir hätten uns gerade auf diesem – zum Teil sehr eintönigen oder sagen wir „anders gearteten" – Stück Weg doch gewünscht, dass die wenigen Bekanntschaften, die hier und da gemacht wurden, ein wenig intensiver geworden wären.

Aber es sollte wohl nicht sein oder wir standen uns selber im Weg, indem wir die wunderbaren Bekanntschaften des ersten Teilstücks unbewusst mit der Intensivität der „neuen" Bekanntschaften verglichen. So hatte dieses Stück Weg die Aufgabe, sich mehr mit uns selber zu beschäftigen. Aber es war dieses Mal sehr schwer für mich, mit mir in Einklang zu kommen, so dass ich nicht so relaxed bin wie während und nach der ersten Wegstrecke.

Dennoch glaube ich, dass das, was wir als Tageserlebnisse festgehalten haben, uns im kommenden Alltag Freude und Schwung bringen wird. Insbesondere, wenn wir das niedergeschriebene Erlebte nochmals als Erinnerung lesen werden.

Es grüßen Euch
„der Mann mit dem grünen Handtuch"
und seine „Majestät"
(wie ich von Paul und den Pilgern des
1. Weges heimlich genannt werde).

Vorbemerkung 2014

Wie bereits zu den beiden ersten Jahresetappen möchte ich auch zur dritten und letzten Jahresetappe etwas erwähnen, das an die Pilgerfreunde der ersten Jahresetappe in 2012 erinnert.

Nach unserem gemeinsamen Treffen im letzten Jahr in Nürnberg besuchte ich während eines beruflichen Termins in Augsburg Jutta. Jutta war leider seit Jahren gesundheitlich sehr angeschlagen und hatte mit großem Verlangen, Mut und Selbstdisziplin ihren Traum des Weges umgesetzt. Stets mit dem Anspruch, die Krankheit zu besiegen oder aber aufzuhalten.
Sie war auch bei meinem Besuch voller Hoffnung, das Schicksal noch länger in Schach halten zu können. Sie arbeitete ehrenamtlich bei einer Selbsthilfegruppe von gleich Betroffenen. Leider hat sie es dann doch nicht mehr geschafft und hinterließ einen Mann und zwei

Teenager. Wie selbstverständlich waren wir aus Wien, Kaisersesch, Dortmund und Wiehl angereist, um sie und ihre Familie auf ihrem letzten Stück Weg zu begleiten.

Aus Dank und Erinnerung an die schönen gemeinsamen Stunden überreichte ich der Familie ein Bild des Trostes, das ich beim 2. Teilstück hinter Sahagun abgelichtet hatte.

Es war ein Steintempel, den ich an diesen Tagen zwar gebaut hatte, jedoch ohne zu wissen für wen. Da dieser für mich eine Stelle der Hoffnung, Friede und Stille gleichermaßen zum Ausdruck brachte, schenkte ich diesen in Andenken an Jutta ihrer Familie.

Nun zur Vorbemerkung zum letzten Stück Weg.

Die Terminfestlegung für das diesjährige und letzte Teilstück unseres Weges nach Santiago de Compostela war etwas holprig angelaufen. Ständig hatten Paul und ich unterschiedliche private und berufliche Verpflichtungen. Somit war es schwierig, einen gemeinsamen Termin zwischen Mitte April und Ende Mai auszumachen.

Dieser Zeitraum war für uns wichtig, da wir weder in die Schlechtwetterphase April mit Schnee in den Galizischen Bergen, noch mit drückenden Hitzeabschnitten konfrontiert werden wollten. Wie man ja weiß, sind wir Schönwetter-Luxuspilger.

Nach langer Abstimmung hatten wir uns dann doch noch auf einen gemeinsamen Termin einigen können. Nachteil dabei war nur, dass wir, wegen beruflicher und familiärer Termine, unterschiedlich anreisten und dadurch unsere An- und Abreisen mit Umwegen verbunden waren. Alles Weitere auf den folgenden Seiten.

Anreise 2014

25. Mai 2014

Bevor ich mich auf die dritte und letzte Etappe begab, habe ich noch einen kleinen Abstecher nach Berlin gemacht und meine beiden dort wohnenden Enkelchen mit Familie besucht.
Es war eine fast schlaflose Nacht in Berlin. Habe mich mit irgendetwas angesteckt, denn ich musste mich in der Nacht zweimal übergeben. Es zeigte sich in Form von Frierattacken am Oberkörper und knallroter Ober- und Unterschenkel mit erheblichen Juckreiz. Aber auch das konnte meinen Abflug von Berlin um 14.00 Uhr nicht verhindern. In Madrid am Flughafen angekommen, orientierte ich mich vor Ort nach der Abfahrt des City Shuttles, um möglichst schnell in mein Hotel zu gelangen. Denn meine feuerroten Beine – im späteren „Glühstäbe" genannt – brachten mich schier zum Wahnsinn. Mit ein paar Passanten-Auskünften und den restlichen Weg mit dem Taxi ins Hotel, klappte alles perfekt. Ich legte mich aufs Bett und machte mir mit zwei großen Badehandtüchern kalte Wickel. Paul schlug dann irgendwann ebenfalls im Hotel auf, denn er war von Düsseldorf angereist. Den Abend gestaltete ich mir gemütlich mit Schüttelfrost am Oberkörper und brennenden Glühstäben im Bett und Paul in der Szene von Madrid.

26. Mai 2014

Um ca. 9 Uhr ging unser Bustransfer von Madrid nach Astorga. Diese Fernreisebusverbindungen in Spanien sind einfach perfekt. Um ca. 14 Uhr trafen wir nach ca. 300 km Busfahrt in Astorga ein und fanden uns gleich anhand der Kathedrale und dem daneben liegenden Haus, von dem berühmten spanischen Architekt Antoni Gaudi erbaut, wieder zurecht. Schnell wurde der Weg zum Hotel eingeschlagen und eingecheckt.

Für mich hieß das mal wieder, ab aufs Bett zum üblichen Kühlprogramm. Paul zog es gleich in die bekannten Ecken der Stadt, wobei wir uns anschließend wie gewohnt pünktlich bei der Futteraufnahme im Gastro-Bereich des Hotels wieder trafen. Danach ging es für mich sofort wieder ins Bett. Die Devise hieß „Gesundheitsschlaf", denn ab dem morgigen Tag heißt es Laufen.

Ansichten von Rabanal, unserem letzten Etappenstartpunkt am Jakobsweg

Etappe 22

Die heutige Wegstrecke nach Molinaseca gehörte früher wie heute zu einer der kräftezehrendsten und gefährlichsten Etappen. Zunächst geht es stetig bergauf, bis man auf 1450 m das Cruz de Ferro, ein Eisenkreuz, das auf einem großen 5 m hohen Holzmast in den Himmel ragt, erreicht.
Es gibt hierüber zu berichten, dass dieses Kreuz mehrfach durch Vandalismus oder Jugendstreiche abgesägt wurde, bis man dem Innenleben des Mastes einen eisernen Kern verpasst hat. Hinzu kommt, dass dieses Kreuz mit dem Mast auf einem großen Steinhaufen errichtet ist, der über die Jahrhunderte durch die von Pilgern mitgebrachten und hier abgelegten Steine entstanden ist. Man sagt, dass dies stellvertretend für das Ablegen ihrer inneren Last geschaffen wurde.

Auf der nachfolgenden Wegstrecke geht es nochmals kurz abwärts, bis man zu einer – wieder wie im Mittelalter geführten – Herberge gelangt. Anschließend die letzten Höhenmeter bis auf 1500 m Höhe – dem Dach des Pilgerweges. Ab dann geht die Wegstrecke rapide abwärts, bis man nach Stunden des Abstiegs Molinaseca erreicht. Man darf behaupten, dass, wenn man – früher wie heute – den Ort über den steilen Pass erreicht hat, man mehr als froh ist, dieses Ziel ohne größere Blessuren hinter sich gebracht zu haben.

27. Mai 2014

„Mal Anfang mal Ende.
Letztes Jahr endete unsere zweite Etappe in der kleinen hübschen Kapelle von Rabanal und heute starten wir von dort unser drittes und letztes Stück Weg nach Santiago de Compostela, was in ca. 250 km Entfernung vor uns liegt.

Das Innere der Kapelle war noch genauso schön wie in unserer Erinnerung. Lichtdurchflutet wie letztes Jahr. Doch dieses Jahr schien die Sonne durch das Ostfenster und ließ die Kapelle noch mal in einem anderen, aber nicht weniger eindrucksvollen Licht erstrahlen. Wir hielten kurz inne. Ermutigt von der glanzvollen Stimmung, entschloss ich mich, Paul gleich zu Beginn der Etappe meine weniger glanzvollen Gebrechen mitzuteilen. Denn ich verspürte bereits jetzt am Morgen ein starkes Brennen in den Oberschenkeln, das bis unterhalb der Waden reichte. Kein guter Start. Paul, wie immer ein Mann der Tat, forderte mich unverblümt auf „ich solle die Hosen herunterlassen". Was ich ja schon verbal getan hatte. Aber NEIN, er meinte doch tatsächlich „ich solle die Hosen herunterlassen"! Ich antwortete nur „bist Du nun völlig ausgeflippt?!" aber der gläubige Paul blieb ungerührt und meinte, dass das gesegnete Weihwasser sich sicherlich nicht nur zum Segnen eigne, sondern auch ein geeignetes Mittel für notambulante Versorgungen sei. Ich ließ also mitten in der Kapelle die Hose runter

Profil Etappe 22 (E22), 26 km

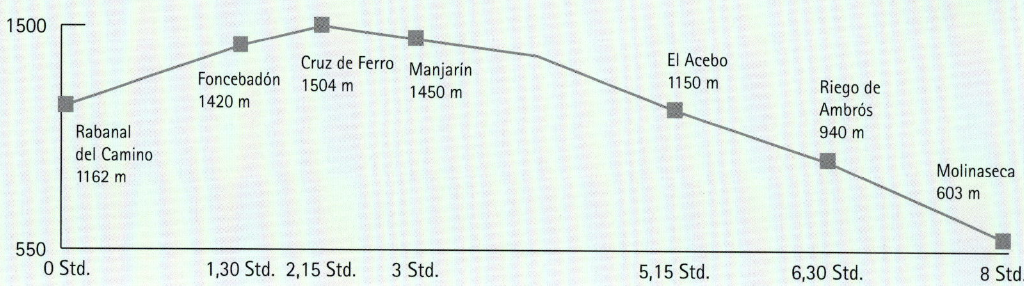

und Paul tauchte sein bekanntes und immer noch grünes Handtuch in das Weihwasserbecken und verarztete mich. Ob es etwas bringt oder nicht, oder ein gar schlimmeres Ausmaß verhindert? Das mochte ich zu diesem Zeitpunkt nicht beurteilen. Wohl aber, dass ich durch diese Behandlung mit dem gesegneten Wasser nicht zur Höchstform aufgelaufen war.

Bereits nach den ersten 4 Kilo- und 300 Höhenmetern hing ich in den Seilen. Wie auch bei den letzten beiden Teilstücken sind wir auf Grund unserer jeweiligen unterschiedlichen Laufgeschwindigkeit und dem Wunsch nach einem gewissen Maß an Einsamkeit irgendwann dazu übergegangen, gemeinsam aber getrennt zu laufen. Wie immer bin ich also vorne weg gepilgert und Paul mit ein wenig Abstand hinterher. Meine körperliche Verfassung war jedoch so miserabel, dass Paul mich einholte und sich anbot, meinen Rucksack tragen zu dürfen. Mein Entsetzen kann sich der Eine oder Andere sicher vorstellen! Ich, der Eiserne, Schwäche ungern Zulassende, musste zähneknirschend klein beigeben und ließ Paul meinen Rucksack tragen.

Diese Entscheidung fiel mir unendlich schwer und ich spürte die zum Teil neugierigen und zum Teil mitleidigen Blicke der anderen Pilger auf mir ruhen. Das machte die Situation nicht unbedingt erträgliche. Selbst für die wunderschöne, abwechslungsreiche und blühende Landschaft, vergleichbar mit der Eifel oder dem Allgäu, hatte ich kein Auge. Der Wassertrog mitten auf der Almwiese, war in seiner Schönheit und Länge so verlockend, dass ich mich mit meinem glühenden Körper fast hinein gelegt hätte.

Offen gesagt, ohne Pauls Unterstützung hätte ich den holprigen Pilgerpfad hoch bis zum Cruz de Ferro auf 1500 m nicht ohne den einen oder anderen Sturz geschafft.
Ein großes Dankeschön an Paul hier an dieser Stelle, der von der heutigen 18-km-Wegstrecke über 10 km meine zusätzliche Last gebuckelt hatte. Wir machten in El Acebo Rast und ich merkte, dass mein für heute körperlich machbares Ziel erreicht war. Ein brennendes Feuer zog sich von Wade zur Pobacke und vom Bauchnabel aufwärts ging es mit Schüttelfrost weiter. Bei milden 20 °C waren meine Finger blutleer und taub. So beschloss ich, die restliche Strecke über 8 km ins Tal nach Molinaseca im Taxi zurückzulegen. Siehe da, als verschiedene Pilger mitbekamen, dass ich beim Gastwirt ein Taxi bestellt hatte und ein geräumiger Taxibus eintraf, hatte ich in kürzester Zeit sechs weitere Fahrgastbegleiter.
Es scheint, dass sich so mancher aus Stolz oder Scham vor den anderen Pilgern nicht getraut hatte, ein Taxi zu rufen.

In Molinaseca angekommen, haben wir gleich unsere Unterkunft aufgesucht. Ein wunderschönes Hotel, das zum Entspannen wie geschaffen war, was ich aber leider nur bedingt genießen konnte. Nach einem kurzen Ausflug zum Abendessen, das aus zwei Tomaten mit vor Fett triefenden „patatas fritas" bestand und mit zwei Gläsern Wein heruntergespült werden musste, ging ich bereits um 19.00 Uhr schnurstracks ins Bett. **“**

Sehenswürdigkeiten und Wissenswertes auf dem Weg

Foncebadón: Von dem Ort waren nur noch Ruinen vorhanden, er ist aber seit einigen Jahren wieder bewohnt. Die Kirche wurde restauriert und eine Pilger-Herberge gibt es auch. Freunde des Caminos aus Deutschland betreuen heute die Pilger. Im 10. Jh. gab es dort ein Konzil. Im 11. Jh. wurde von Gancelmo ein Kloster mit Krankenhaus gebaut, gestiftet von Alfonso VI., um den Pilgern zu helfen. Die Ruine sieht man heute noch am Ende des Ortes.

La Cruz de Ferro: Eisenkreuz, stärkstes Symbol des Camino, ein Hügel aus Steinen, ein Eichenstab mit Kreuz. Sicherlich der bekannteste Ort des ganzen Weges. Die Römer widmeten diesen Berg dem Gott Mercurio, dem Gott der Kreuzungen. Von weitem schon ist das Kreuz zu sehen. Dieses teilt die Maragatería von dem Bierzo-Gebiet. Symbolisch sollte man hier einen Stein ablegen, um frei zu werden von einer Last, die man trägt. Heute sieht man aber viele andere Gegenstände, z.B. Bilder, Zahnbürsten, Spielsachen, Wäsche oder was man im Rucksack nicht mehr braucht. Ein Foto

zu machen, ist ein Muss. Der Blick von hier ist gigantisch. 1530 m hoch. Man berührt fast den Himmel, und unten sieht man den Garten des Bierzo. Die Römer widmeten den Gipfel dem Gott Marte. Hier bekommen die Pilger die Segnung des Apostels, es ist unbeschreiblich schön. Abwärts erreichen wir Manjarín, heute nur noch aus Ruinen bestehend. Hier gab es auch ein Pilger-Krankenhaus.

„Außenstelle" der Templer aus Ponferrada in Manjarin

El Acebo: Hier gab es im 7. Jh. das erste Kloster San Fructuoso. Die Kirche ist heute noch dem Heiligen Justo und den Hirten gewidmet. Dort befindet sich immer noch eine Gießerei, von Wasser betrieben, in Funktion. Vorbei an der Quelle der Forellen erreicht man den Ort, ein typisches Dorf am Weg, Häuser mit schwarzen Schieferdächern, großen Balkonen, von außen erreichbar. Diese einzigartige Architektur ergänzt die wundervolle Landschaft. Die Kirche ist dem Erzengel San Miguel gewidmet, mit einer römischen Statue des Jakobus. Eine Tafel besagt, dass dort ein älterer deutscher Pilger, Heinrich Krause, auf dem Weg nach Santiago starb.

Riego de Ambrós: Dorf des Brunnens und des Wassers. Die Kapelle ist den Heiligen Fabián und Sebastián gewidmet. Die Kirche Santa María Magdalena ist außerhalb. Auch hier gab es ein Pilger-Krankenhaus.

Etappe 23

Auf dem langen Wegstück von 32 km durchstreift man bereits nach 8 km den historischen Ort Ponferrada. Hier steht die aus dem 12.Jahrhundert stammende Burg der Tempelritter. Dieser christliche Orden hat die Burg, welche bereits in den Grundmauern von den Römern errichtet wurde, weiter ausgebaut. Der Orden selber wurde im 11. Jahrhundert bereits in Jerusalem gegründet und hatte die Aufgabe, die Pilger auf dem langen Weg zu beschützen. Sie gewannen durch ihre harte Haltung und den dabei erlangten Respekt schnell an Macht. Dieses wurde jedoch im 14. Jahrhundert den oberen spanischen Herrschern zu viel. Sie schlugen zu und entmachteten den Orden, bis hin zum Einzug sämtlichen Vermögens.

Villafrenca del Bierzo hat ebenfalls mittelalterliche Züge wie Spitäler und Herbergen und eine Templerburg. Sie ist eine Stadt, die im Wesentlichen vom Bergbau und Industrieanlagen getragen wird. Aber darüber hinaus verfügt dieser Ort über etwas ganz Besonderes. Er hat sich bereits seit dem Mittelalter das Recht erwirkt, Pilgern, die krank und schwach waren und das Ziel Santiago de Compostela nicht mehr erreichen konnten, etwas Besonderes zuteil werden zu lassen. Ihnen wurde hier an der Gnadenpforte der Iglesia de Santrago bereits der Ablass erteilt.

29. Mai 2014

›› Wegen des vor uns liegenden enormen Streckenabschnittes von 32 km standen wir zeitig auf, verließen gegen 8.45 Uhr das Hotel und machten uns in gewohnt getrennter Weise auf den Weg.

Da wir unsere Unterkünfte bereits vor Antritt der Reise reserviert hatten, waren wir bezüglich der zurückzulegenden Wegstrecken gebunden. Daher hieß mein heutiges Zielpensum „soweit die Füße tragen" und dann ohne falschen Stolz „ab ins Taxi". Denn obwohl ich mich einigermaßen ausgeruht fühlte, brannten meine Beine bereits nach dem Aufstehen. Hier an dieser Stelle musste ich an Anita denken, der es stets davor grauste, dass wir jeden Tag ein bestimmtes Ziel erreichen mussten. Hallo Anita, hier das erste Mal meine Zustimmung, es kann wirklich zermürbend sein. Aber nur im Krankheitsfall, schlechtes Wetter zählt nicht.

Trotz meiner „anfänglichen Startprobleme" lief der Tag gut an und ich holte jetzt auch wieder öfter den Fotoapparat heraus. Ich erfreute mich an den vielfältigen Eindrücken und setzte heute den für das 3. Stück Weg ersten Tempel für meine kürzlich verstorbene Ex-Schwiegermutter und deren ganze Familie, zu der natürlich auch meine Ex-Frau, ihr Bruder, unsere gemeinsamen Kinder und Enkelkinder zählen.

Etappe 23 (E23), 32 km

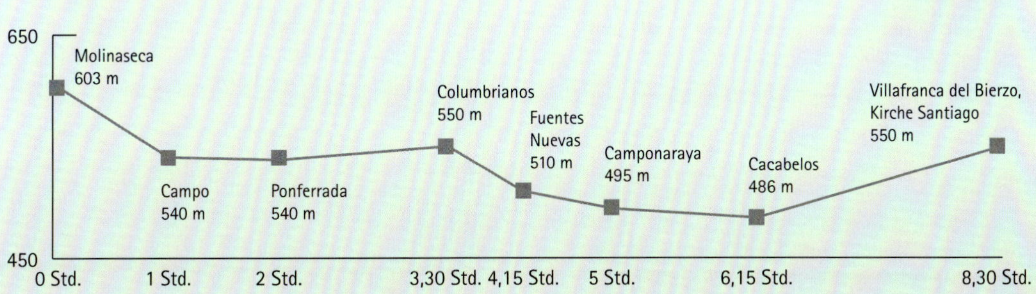

Ich setzte den Steintempel am Rand eines Weinbergs hinter Ponferrada, von wo man eine schöne Fernsicht auf die Weite der Region und deren Weinberge hatte.

Ohne größere Probleme ging es weiter bis nach Cacabelos. Ich war trotz der steigenden Qualen in den Beinen so verrückt zu glauben, ich würde den ganzen Weg zu Fuß bis nach Villafranca schaffen. Das war aber, bevor ich die 24 km Wegstrecke mit einem ständigen Auf und Ab von 100 Höhenmetern hinter mich gebracht hatte.

Ich schwöre, wenn zu dem Zeitpunkt ein Taxi gekommen wäre, hätte ich mich direkt davor geworfen.

Schleichend, wie auch manch anderer Pilger, traf ich in der Ortsmitte von Villafranca ein. Völlig orientierungslos ging ich in die erstbeste Café-Bar und erkundigte mich nach der genauen Lage meiner Unterkunft.
Nach einigem Hin und Her wurde mir zu meinem Entsetzen klar, dass ich den Berg wieder ein Stück hoch musste. Na prima. Die Bedienung, der meine Reaktion nicht entgangen war, hatte wohl Erbarmen mit dem armen Wrack und verließ Café und Gäste, um mich wieder zurück – aber dieses Mal auf direkten Weg – durch die Gassen bis zu einer steil aufwärts führenden Straße zu bringen. Sie gestikulierte wild in Richtung Anhöhe und gab mir zu verstehen, dass dort oben irgendwo links meine Unterkunft zu finden sei. Zu meiner Erleichterung war es der richtige Weg und das richtige Hotel.

Nachdem ich über zwei Stunden meine Glühstäbe mit kalten Wadenwickeln versorgt hatte, trudelte auch Paul, zwar verspätet und ziemlich erschöpft, aber zufrieden ein. Zum Glück, denn mittlerweile hatte ich einen mordsmäßigen Hunger und ohne Pauls Hilfe kam ich einfach nicht aus dem Bett, geschweige denn in den Gastraum. Im Gastraum angekommen, erfuhren wir, dass die Küche erst in einer Stunde öffnen würde und wir uns zunächst nur am Cerveza laben könnten. Auch gut. So vorab ein Bierchen und anschließend ein sehr übersichtliches Abendessen serviert, das nach meinem bescheidenen Frühstück in Form von einer Apfelsine und einer Banane ruhig etwas reichhaltiger hätte ausfallen können. Aber egal, vermutlich wäre ich in dem Fall direkt bei Tische eingeschlafen und hätte für noch mehr Gesprächsstoff gesorgt. Ich ging also wieder zeitig zu Bett und musste meinen Freund Paul auch an diesen Abend wieder alleine lassen, damit ich einen Leistungsschlaf bis 9.30 Uhr machen konnte. Morgen haben wir zum Glück nur 16 km vor uns. Mit diesem beruhigenden Wissen lässt es sich sicherlich gut schlafen.

Gute Nacht Freunde. “

Die Brücke von Molinaseca

Sehenswürdigkeiten und Wissenswertes auf dem Weg

Ponferrada: Mit dem Beinamen „Tochter der Brücke". Die Brücke Pons Ferrata gab dem Ort seinen Namen. Bischof Osmundo von Astorca ließ sie 1082 als Erleichterung für die Pilger bauen. Hier gab es eine alte Siedlung, zerstört von Teodorico im Jahr 456 und von Almanzor im 8. Jh. auf dem Weg nach Santiago überfallen. Alfonso III. el Magno baute die Stadt im 9. Jh. wieder auf. Dann kamen die Templer, die der Stadt Sicherheit und eine Burg gaben. 1178 übergab der König von Léon, Fernando II., die Stadt dem Templerorden. Sie waren bis 1312 dort. Heute ist Ponferrada eine wirtschaftlich florierende und sehr lebendige Stadt. 1498 ließen die katholischen Könige von Kastilien ein Krankenhaus bauen. Auf der Plaza del Castiglio befindet sich die Kirche San Andrés und in der Nähe die Kirche Heiligtum de la Encina, wo die Templer ihre Mutter Gottes der Eiche verehrten, eine Legende, die bis heute lebendig ist.

Die Burg der Templer in Ponferrada

La Torre de Reloj, gebaut im 16. Jh. über einer Tür der Stadtmauer. Santo Tomás de las Ollas ist mozarabische Kirche aus dem 10. Jh., die außerhalb der Stadtmauern gebaut wurde. Das Schönste an der Kirche sind die hufeisenförmigen Bögen, typisch für diesen Stil. Auf dem Weg nach Villafranca in den Bergen gab es viele Klöster. Die Schönheit dieser Berge und die Ruhe wurden von vielen Orden gesucht. Sie alle zu beschreiben, ist nicht möglich. Zwei können wir erwähnen: Kloster Santa Mará de Carracedo, 3 km von Cacabelos in Richtung Süden entfernt, das Benediktiner-Kloster von König Alfons VII. und seiner Schwester Doña Sancha 1138 den Bernardos übergeben und das Kloster San Andrés de Espinareda, gegründet im 9. Jh. für den Benediktiner-Orden.
Bergidum Flavium, die Wiege des Bierzo ist Sitz der Asturier, der Römer und der Westgoten.

Villafranca del Bierzo: Ist wie gemacht für Jakobspilger, wo sich die zwei Flüsse Burbia und Valcarce treffen. Im 11. Jh. entstand dort eine französische Kolonie, um die Stadt wieder zu bevölkern. Nicht viel später kamen die Mönche von Cluny, die die Kirche Santa María bauten. Als Gründer der Stadt ist der Herr von Osorios bekannt und später der Marques von Villafranca. Nachdem die Stadt Überfälle und Besetzungen im Unabhängigkeitskrieg überstanden hatte, war sie von 1822 bis 1833 Hauptstadt des Bierzo-Gebietes. Sie ist eine Stadt der Burgen, Paläste und gut erhaltener Monumente. Bevor man sie betritt, kommt man an der Kirche Santiago mit den sogenannten Puerta del Perdón, „Tür der Gnade" aus dem 12. Jh. vorbei. Pilger, die krank waren und den Weg nicht fortsetzen konnten, erhielten hier Vergebung ihrer Sünden und erreichten damit das Ziel des Weges.

Castillo-palacio de los Marqueses, gebaut 1490, ist die einzige Burg, die bewohnt ist in diesem Gebiet. Die Kirche San Francisco wurde von Franz von Assisi auf dem Weg nach Santiago oben auf der Anhöhe gebaut. Ihre Fassade ist romanisch aus dem 13. Jh., 1606 kam ein Frauenkloster dazu. An dieser Fassade erkennt man den italienischen Einfluss. Der Hauptaltar aus dem 17. Jh. ist aus der Schule von Becerra, der aus Rom stammte. San Nicolás, aus dem 17. Jh., war Kloster der Jesuiten.

Etappe 24

Zu dem heutigen Tagesziel Ambasmestas kann man nicht viel Bemerkenswertes sagen, außer, dass man dieses Teilstück über zwei verschiedene Streckenabschnitte erreichen kann. Es muss das Teilstück sein, wovon Hape in seinem Buch bemerkt hat: „Entweder man quält sich am Hang hoch über dem Tal nach Vorne oder man nimmt die Talstraße, wo man von den nicht enden wollenden Trucks gejagt wird, wie wilde Kaninchen." Ich erinnere mich, dass Hape diesen Weg viele Jahre vor uns gelaufen ist, als es in diesem Streckenabschnitt nicht die Hochautobahn gegeben haben muss. Es ist in seinem Buch hierüber eine spannende Geschichte zu lesen.

30. Mai 2014

» Falsch gedacht. Meine Beine glühten die ganze Nacht wie Brennstäbe und wenn ich sie nicht immer wieder abgekühlt hätte, wäre vermutlich mein Bett in Flammen aufgegangen. Woran das konkret liegen konnte, erschloss sich mir zu dem Zeitpunkt nicht, aber vielleicht bin ich am Ende des Weges schlauer.

Da der Tag mit Regen begann und wir die Hoffnung hatten, zum Mittag ließe dieser nach, drehten wir uns einfach nochmal im Bett um und schliefen bis 10.30 Uhr. Ausgeruht und hungrig machten Paul und ich uns über das Frühstück her und verließen anschließend gemeinsam das Hotel. Es regnete immer noch. Paul, der ohne Regenzeug angereist war, becircte die Seniora des Hauses und konnte ihr eine milde Gabe in Form eines hübschen rot-weiß gestreiften Regenschirms abschwatzen. Paul würde auf der heutigen Wegstrecke definitiv nicht verloren gehen, denn im Vergleich zu den üblichen grünen, blauen und schwarzen Regenumhängen war ein Mann mit einem gestreiften Regenschirm ein wahrer Hingucker.

Ich hatte kaum noch Bargeld und machte mich als erstes auf den Weg zur Bank und Paul machte sich alleine auf den Weg nach Ambasmestas. Da es immer noch in Strömen regnete und ich ausreichend Zeit und nur ein kleines Stück Weg vor mir hatte, setzte ich mich unter die Arkaden am Plaza und genoss meinen auf dieser Tour ersten Café con leche und beob-

Etappe 24 (E24), 16 km

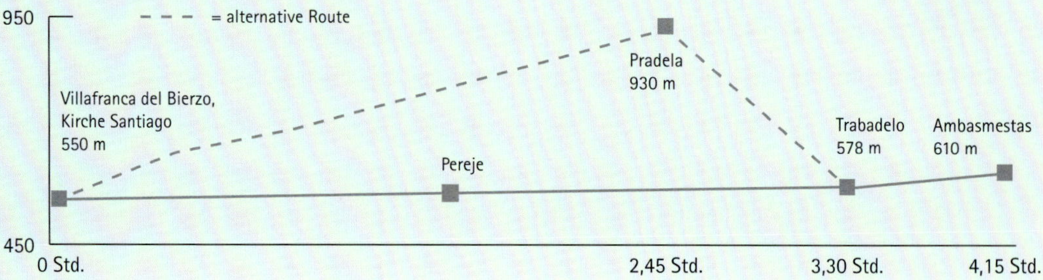

achtete eine Weile das Treiben auf dem Platz. Irgendwann hatte ich davon genug, zu neugierig war ich auf die vor mir liegenden 16 km und machte mich auf in ein grün bewaldetes, endlich mal flaches Tal, westwärts entlang am Rio Valcarce. Es war durchzogen von engen Schluchten und zum Teil talbegleitenden Brückenkonstruktionen der A6, die Richtung Atlantik bis A Coruña führt.

In vielen Teilabschnitten gleicht dieses Tal dem Ahr- beziehungsweise Moseltal. Wie auch bei den beiden vorherigen Teilstücken, sieht man auch hier auf den abgelegenen Wegen vorwiegend verlassene Dörfer und Häuser. Kaum ein Bewohner ist dabei zu sichten, außer man kehrt in eine am Weg gelegene Bar ein. Wenn auch die Häuser von außen zum Teil in einem desolaten Zustand sind, innen findet man sich meist in einem netten, rustikalen, landestypischen Ambiente wieder.

Irgendwann holte ich Paul wieder ein und wir gingen ein gemeinsames Stück zusammen, besichtigten eine kleine Kapelle am Wegesrand und trennten uns für das letzte Stück Weg des heutigen Tages. Eine Stunde später trafen wir uns in unserem heutigen Nachtquartier wieder.

Nach einem kurzen frühabendlichen Erholungsschlaf genossen wir ein üppiges Abendessen und gingen gegen 22.00 Uhr zu Bett – allerdings nicht ohne eine Notkühlung meiner Beine. **“**

Vielerorts verlassene und einsturzgefährdete Häuser am Weg

Sehenswürdigkeiten und Wissenswertes auf dem Weg

Pereje: Die Kirche ist Santa María Magdalena gewidmet. Im 12. Jh. war dieser Ort bekannt geworden wegen der Errichtung eines neuen Pilger-Krankenhauses. Viele Päpste, Könige, Erzbischöfe, Bischöfe und Äbte mussten vermitteln. Juristisch gehörte der Ort Villafranca und stand unter der Verwaltung des Abtes von Cluny, aber Abt Aurillac von Cebrero ließ dort ein neues Krankenhaus bauen, obwohl er das nicht durfte. Aurillac gewann den Prozess und das Krankenhaus blieb.

Trabadelo: Die Kirche ist San Nicolás gewidmet. Der Ort gehörte dem Bistum Compostela, ein Geschenk von Alfonso III. im Jahr 895. Hier gab es eine Burg aus der Römerzeit. Es war auch ein Ort der Verbrecher und Kriminellen, traurige Erinnerung der Pilgerschaft. König Alfonso VI. musste dem Burgherrn verbieten, von den Pilgern Geld zu verlangen für die Durchquerung der Stadt.

Portela: Die Kirche ist San Juan gewidmet und unter der Verwaltung von Ambasmestas.

Ambasmestas: Die beiden Flüsse Valcarce und Valboa treffen sich hier. Die Kirche ist San Pedro gewidmet.

Vega de Valcarce: Die Kirche ist Magdalena gewidmet, hier gab es die Burg Saracin aus dem 9. Jh., gegenüber eine zweite Burg mit dem Namen Coronas (Krone), die zu der Siedlung Castro de Veiga gehörte und heute nicht mehr erhalten ist.

Ruitelán: Hier erinnern eine Kapelle und eine Quelle an das einsame Leben von Eremit Froilán, 833 - 905, der später nach Curueño ging und das Kloster Valdecésar gründete. Einige Zeit später ging er nach Tábara, wo er Ruhm erlangte, bevor er nach León wechselte und dort den Bischofsstuhl übernahm.

Herrerías: Der Name verrät, was es dort gab, eine Eisengießerei, und das Hospital Inglés. Der Name stammt aus den Häusern am Ortsende, weil es dort eine Kirche und ein Krankenhaus gab für die englischen Pilger, die bereits der Papst Alejandro III. 1078 erwähnte.

La Faba: Der letzte Ort der Diözese Astorga, die Kirche ist San Andrés gewidmet. Daneben eine Pilger-Herberge, von Deutschen betreut. Wer dort ein Gedicht auf Schwäbisch auswendig sagt, kann eine Nacht umsonst übernachten. Man erkennt sofort die deutsche Ordnung, wenn man das Haus betritt, denn man darf nicht mit schmutzigen Stiefeln herein.

La Faba

Laguna de Castilla: Letztes Dorf der Provinz León, daher der Name. Man findet einen sehr alten Maisspeicher, Hórreo genannt, die ab hier überall in Galizien zu sehen sind. Einige Kilometer von Laguna entfernt sieht man einen Mojón Os Santos. Hier, auf 1260 m Höhe, endet das Bundesland Castilia und León und beginnt Galizien. Auf dem Gipfel berühren die Pilger fast den Himmel in dem mystischen Ort O Cebreiro.

Etappe 25

■ Kurz nach dem Verlassen des Ortes Ambasmestas verlässt man auch die Region del Bierzo und begibt sich mit einem anspruchsvollen Aufstieg in die Region Galizien.

Das Ziel O'Cebreiro liegt auf ca. 1.300 Höhenmeter und ist ein uraltes Steindorf, welches nach alter keltischer Art errichtet wurde. Diese sogenannten Pallozas dienten den Menschen und Tieren gleichermaßen als Schutz vor der rauen Natur. Die Gebäude sind alle ellipsenförmig aus Schiefer und Steinblöcken erbaut. Die Dächer sind heute wie früher mit Stroh gedeckt.

31. Mai 2014

» Da ich die Nacht ohne schlafraubende Notkühlungen durchschlafen konnte, bin ich gut drauf und freue mich auf den heutigen Tag und die Strecke. Auf den ersten Blick mag sie mit ihren 13 km vielleicht nach einem leichten Spaziergang aussehen, aber auf Grund von 650 zu erklimmenden Höhenmetern ist sie vermutlich nicht zu unterschätzen.

Nach dem üblichen gemeinsamen kargen spanischen Frühstück machten wir uns getrennt auf den Weg durch eine Landschaft, die – wie gestern – der des Ahrtals bzw. Eifellandschaft ähnelt, aber bei herrlichstem Wetter und bester Stimmung nicht mit dem gestrigen Tag vergleichen ließ. Nach den ersten 1 ½ Stunden dachte ich mir, wenn sich der Weg weiter so entspannt laufen lässt, bin ich schon kurz nach Mittag in O'Cebreiro. Aber das konnte, wenn man dem beschriebenen Streckenprofil Glauben schenken wollte, nicht sein. Leider. Nach wenigen Kilometern folgte ein steiler Anstieg auf dem Cebreiro-Pass, der den Bezwinger jedoch am Ende mit einem wunderbaren Fernblick belohnen würde.

Der Weg war zum Teil so steil, dass ich öfter pausieren musste und mich zur Rast mitten auf die warme, zum Glück wenig befahrene Straße legte und meinen Gedanken nachhing. Ich war mir sicher, ab diesem Tage ginge es mit mir auch gesundheitlich wieder bergauf und ich würde die Talsohle meiner mir unerklärlichen schlechten Verfassung hinter mir lassen.

Etappe 25 (E25), 13 km

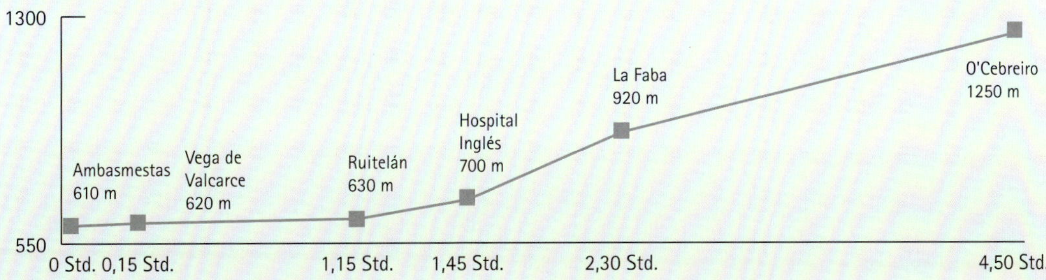

Um ca. 15.00 Uhr hatte ich O'Cebreiro erreicht und wanderte durch den beeindruckenden und geschichtsträchtigen Ort der autonom galizischen Provinz. Hier befindet sich die älteste Pilgerkirche des Jakobweges. Und die besondere Bauweise der elliptischen, strohgedeckten Hütten, die man hin und wieder sieht, findet man nur hier an der Grenze zwischen Galizien und León-Castilla.

Wie immer traf irgendwann auch mein Paul in unserer gemeinsamen Unterkunft ein. Nach dem üblichen Pilgermenü und dem Austausch der erlebten Tagesereignisse ging es mit dem beruhigenden Wissen, meine Beine nachts nicht mehr kühlen zu müssen, zeitig um 21.30 Uhr zu Bett.

Danke für die beiden letzten erholsamen Streckenabschnitte. Wer weiß, vielleicht gebührt dieser Dank auch dem geweihten Wasser aus der Kapelle von Rabanal und Paul.

Und wieder mal wurde mir klar: Es ist unglaublich, wieviel Kraft eine gesunde Seele und ein starker Wille dem Körper geben kann. “

Ursprüngliche Pallozas – sie dienten Mensch und Tier als Unterkunft

Etappe 26

■ Die heutige Wegstrecke nach Triacastela gehört, meiner Meinung nach, zu den schönsten Etappen. Sie führt über die Hochebene des Monte Pozo de Area bis zur Passhöhe Alto de Poio. Von hier hat man, bei gutem Wetter, einen traumhaften Blick über große Teile von Galizien.

Auch der Abstieg nach Triacastela ist eine wahre Traumlandschaft mitten durch Weideland, alten Dörfern oder einzelnen Gehöften. Dieses Stück Weg lässt alle vergangenen Qualen verblassen.

1. Juni 2014

» Die Nacht war wie gehofft eine pure Erholung und ich fühlte mich wie ausgewechselt. Perfekte Voraussetzung für die auf uns heute wartenden 21 km.

Um 9.00 Uhr weckte ich Paul und wollte dann schnell ins Bad. Keine Chance. Wie immer schaffte mein Freund es, sich als erster an mir vorbei ins Bad zu stehlen. Warum habe ich ihn eigentlich geweckt? Selbst schuld! So ging Paul auch als Erster zum Frühstück und freute sich über seine Flinkheit. So traf ich meinen Freund bei einer Tasse Kaffee und einem trockenen Stück Kuchen an. Als die Bedienung mir ein üppiges Frühstück servierte, staunte Paul nicht schlecht und schaute verwundert auf seinen Teller. Er hatte mir am Vorabend wie üblich nicht zugehört und den rosa Zettel, den ich vor seine Nase gehalten hatte, nicht zur Kenntnis genommen. Somit hatte er nicht mitbekommen, dass man als Gast einen handgeschriebenen Frühstückscoupon ausgehändigt bekommt. Paul gab sich mit seinem spartanischen Frühstück aber zufrieden und machte sich los zu seinem täglichen Frühsport in Form von umfangreichen Dehnübungen.

Ich frühstückte genüsslich zu Ende und machte mich dann auf den Weg, um mir den noch fehlenden Stempel aus der örtlichen Kapelle geben zu lassen. Es war wieder ein herrlicher Morgen. Auch wenn es hier oben auf dem Bergkamm noch etwas frisch war und das Tal im Morgennebel lag, zeichnete sich ein sonniger Sommertag ab.

Ausgeschlafen und gestärkt konnte ich das nun folgende Zusammenspiel von Vegetation, Licht und Schatten, Stille und Einsamkeit genießen und lief glücklich und zufrieden mein Tempo. Gegen Mittag traf ich Paul in Alto do Poio in der dortigen Alberge, die auf dem höchsten Punkt des galizischen Pilgerwegs liegt, auf einen Café con leche wieder. Wir gingen dann gemeinsam ein Stück des Weges und erzählten uns von unseren zu Hause gelassenen Alltagssorgen. Es war ein schönes Gespräch unter Freunden. Nach einer weiteren

Profil Etappe 26 (E26), 21 km

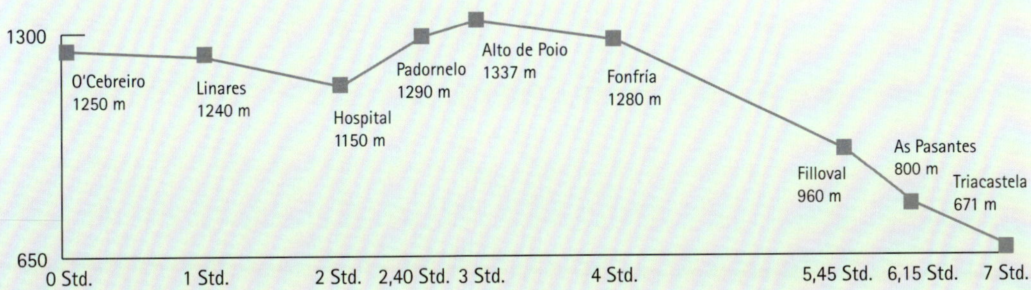

kurzen Rast gingen wir wieder getrennte Wege und jeder lief sein eigenes Tempo. An einer schönen Stelle mit Weitblick baute ich einen Steintempel für Dieter F., der vor einiger Zeit auf tragische Weise ein Bein verlor.
Ein herrliches Fleckchen Erde, dieser Streckenabschnitt hier in Galizien, auf dem man mal eine sehr schöne Urlaubsstrecke mit guten Freunden ausarbeiten müsste.
Da man Rituale pflegen sollte, suchte ich im Ort Triacastela wie immer als erster unsere gemeinsame Herberge auf, machte mich ein wenig frisch und ging ins nächstbeste Café, um dort meine Erlebnisse des Tages zu notieren und Paul abzufangen. Paul erzählte mir von seiner „Beute", die er auf den letzten Kilometern gemacht hatte und war nun ebenfalls glücklich und zufrieden, weil er, der Mann mit dem grünen Handtuch, mal wieder hilfreich wirken konnte.

Jetzt um 20.30 Uhr, sitzen wir bei milden Temperaturen immer noch zusammen im Hausgarten unserer Unterkunft, genießen die letzten Sonnenstrahlen und – wie sollte es anders sein – ein gutes Glas Wein.
Ein toller Tag. Danke an jeden, der dazu beigetragen hat. **“**

Steintempel für Dieter F.

Sehenswürdigkeiten und Wissenswertes auf dem Weg

O'Cebreiro: 1294 m hoch, ist mit Roncesvalles und Somport einer der drei markanten spanischen Berge, die durch ihre Höhe als Symbol des Weges gelten. Hier gab es eine präromanische Siedlung, die durch die Pilger zu einem internationalen Zentrum wurde. Man baute eine Kirche und ein Krankenhaus, die der König von León und Galizien, Alfonso VI., den Benediktinermönchen aus dem Kloster San Geraud d'Aurillac aus Frankreich im Jahr 1072 übergab. Die Kirche Santa María la Real, präromanischer Bau aus dem 9.-10. Jh., steht heute noch und ist Santa María gewidmet, Patronin des Kreises, zu dem viele Menschen am Jahresfest aus ganz Galizen hinpilgern. Die dort gut erhaltenen Pallozas stehen unter Denkmalschutz. Sie sind keltischen Ursprungs. Eine davon ist heute ein etnografisches Museum. Hier lebten Mensch und Tier in einem Raum. Ein anderes ist seit 1965 ein kleines, komfortables Hotel.

Grenzstein zwischen der Region Kastillien-León und Galizien

Das Lebenswerk von dem damaligen Priester Don Elías. Er widmete sein Leben dem Weg und den Pilgern, organisierte viele Pilger-Kongresse und viele der gelben Pfeile, die den Weg markieren, gehen auf ihn zurück.

Liñares: Existiert seit 714, die Kirche ist San Esteban gewidmet.

Alto de San Roque: 1264 m hoch, mit Pilgermonument. Hier gab es eine Kapelle, die den Pestkranken gewidmet war. Die Aussicht von hier oben ist unvergleichlich. Man erreicht Hospital da Condesa. Im 9. Jh. gründete hier die Gräfin Egilo ein Krankenhaus. Ihr Mann, Graf Gatón, besiedelte Astorga wieder. Die sehr alte Kirche ist wie die von O Cebreiro.

Padornelo: Auf dem heutigen Friedhof gab es ein Pilger-Krankenhaus, geführt vom Johanniterorden. Die Kirche ist Magdalena gewidmet.

Alto del Poio: 1337 m hoch, hier gab es eine Hospedéria und eine Kirche, Santa María gewidmet, betreut von den Johannitern. Höchster Punkt seit O Cebreiro. Es lohnt sich, hier ein wenig zu verweilen und die unendliche Aussicht zu genießen. Bergab befindet sich Fonfría, auch hier gab es ein Krankenhaus.

Biduedo: Altes Johanniter-Priorat mit der Kapelle San Pedro. Hier enden die Berge von Cebreiro und es geht sehr steil bergab.

(As Pasantes) Die Passanten: Mit der Kapelle Ntra. Sra. Los Dolores, Die Pilger mussten viel leiden auf dieser Strecke.

Ramil: Viele Herrenhäuser mit Wappen schmücken den kleinen Ort. Bald erreichen wir Triacastela.

Etappe 27

Sarria heißt das Tagesziel und man muss sich entscheiden für den kürzeren oder längeren - aber sehenswerteren - Weg über das Kloster Samos, welches bereits im 7. Jahrhundert gegründet und mehrfach zerstört und wieder aufgebaut wurde. Die Gebäude heute stammen aus dem 17. Jahrhundert. Von hier stammen auch einige der spanischen Bischöfe die hier bei den Benediktinern gelebt haben. Der Zielort Sarria ist wieder einmal eine größere Provinzstadt mit entsprechenden Einkaufsstraßen in der Unterstadt am Rio Sarria sowie einer historischen Oberstadt mit Burgresten und Kirchen sowie alten Wohn- und Geschäftshäusern.

2. Juni 2014

» Gestern erwähnte ich kurz den Mann mit dem grünen Handtuch und seine mobile Praxis, die bei dieser dritten und letzten Etappe eher selten in Anspruch genommen wurde, soweit mir bekannt war. Abgesehen von der völlig aufgelösten Pilgerin von gestern, die Paul sowohl psychisch als auch physisch wieder auf Vordermann bringen musste. Gut mal wieder für Paul, dass er sich in den letzten Tagen bei anderen Pilgern mit seiner Hilfe einbringen konnte. Wobei ich wohl der schwerwiegendste Patient war, den er über mehrere Tage behandeln musste. Für diese hervorragende und aufopfernde Betreuung hier an dieser Stelle: Danke Paul, ich weiß, dass Du mitgelitten hast!

Aber auch wenn Paul quasi arbeitslos war und darüber kaum Bekanntschaften machen konnte, so hat er dies wieder wettmachen können durch sein offenes Herz und seinen mindestens ebenso offenen Mund. Er fesselt die Menschen durch seine gewinnende, offene Art, egal welcher Nationalität und Landessprache. Ich selber bin eher glücklich, die meiste Zeit mit mir und dem Weg alleine zu sein, ohne Ablenkung durch Gespräche mit anderen Pilgern, egal wie interessant diese auch sein mögen. Ich genieße die Stille und im Gegensatz zum Berufsleben mal unverlangt zu sein.

Profil Etappe 27 (E27), ca. 17 km

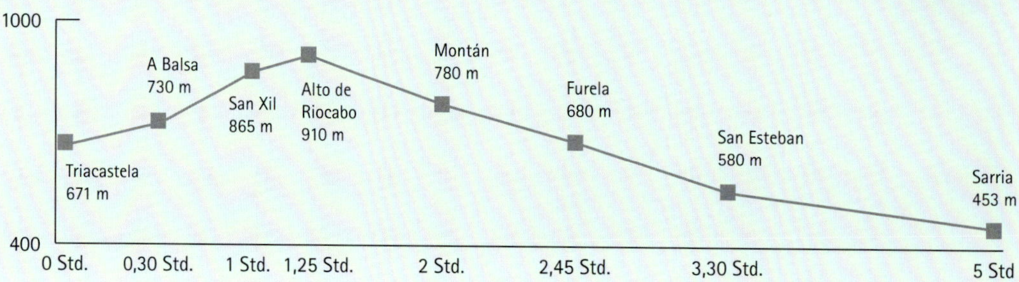

Aber obwohl ich mich gesellschaftlich eher rar machte, war ich offenbar dennoch präsent. Paul sprach mit anderen Pilgern anscheinend öfter über unseren gemeinsamen Weg und daher war auch ich Gegenstand dieser Unterhaltungen. Ob ich wollte oder nicht. Erst gestern, als ich in Tricastela in einem Café sitzend auf Paul wartete, kamen zwei Pilgerinnen an meinen Tisch und begrüßten mich mit den Worten: Ach da ist ja der König!".

Mein verdutztes Gesicht sprach offensichtlich Bände und sie klärten die Situation gleich auf: „Paul hat uns von dir und eurem gemeinsamen Weg erzählt." Er musste mich offensichtlich passbildgenau beschrieben haben. Zumindest ist mir nicht bekannt, dass er ein Foto von mir bei sich trägt... Darauf entgegnete ich scherzhaft: „Wenn schon eine solche Anrede, dann bitte auch die Richtige zu wählen – nämlich 'seine Majestät'." Aber im Grunde war mir nicht nach diesen Witzeleien und ich finde nach wie vor, dass diese Anrede weder zur Stimmung der zweiten noch zur jetzigen Wegstrecke passte. Aber man will seine Mitmenschen ja nicht vor den Kopf stoßen und so hat ein Aufbegehren manchmal eben keinen Sinn bzw. ist fehl am Platz.

Aber nun zu heute!
Die heutige Wegstrecke nach Sarria lässt zwei Optionen zu: Entweder die direkte 17 km lange Tour oder die Strecke mit einem kleinen Umweg von weiteren 8 km über das Kloster Samos. Wir entschieden uns für den Zwischenstopp beim Kloster. Für mich bedeutet dieser kleine Abstecher eine persönliche Wiedergutmachung für den ersten Tag, an dem ich so schwächelte und mit einer Taxifahrt zur Unterkunft endete. Diese Schmach sitzt auch am heutigen Tage noch tief und nagt nach wie vor an meinem Stolz.

An jenem Tag hatte ich gewaltsam gelernt, in bestimmten Situationen loszulassen, seine Schwäche offen zu zeigen und nicht nur bereit zu sein, Hilfe anzunehmen, sondern einer helfenden Hand ohne Scham dankbar zu sein. Diese wichtige Erfahrung bleibt mir sicher prägnant in Erinnerung.

Nun kurz zu der heutigen Etappe, die wieder eine Wohltat für meine Seele war.
Diese Stille, diese wunderschöne Landschaft, die unglaubliche Blütenpracht am Wegesrand, zum Teil eingenistet in wegbegleitende Mauern oder verstreut über die Wiesen. Ich bin sicherlich kein Botaniker, aber interessiere mich durchaus für Blumen und weiß deren Anblick zu schätzen. Ich bin daher begeistert von der Blumenpracht und fotografiere beeindruckt die Blumenvielfalt, die ich in Deutschland so noch nie gesehen habe.

Auszug aus der Vegetation der Landschaft

Die ganze Stimmung ist der Balsam für meine Seele, auf den ich mich so gefreut hatte und schon befürchtete, auf dieser Reise nicht mehr anzutreffen.

Am Kloster eingetroffen, wartete ich eine Weile auf Paul und entschloss mich dann doch, meinen knurrenden Magen zu besänftigen und genehmigte mir ein großes mit Salami belegtes Baguette, einen Café con leche und abschließend noch ein Gläschen Rotwein. Ohne Frühstück loszuziehen war keine gute Idee gewesen. Da Paul selbst nach 1 ½ Stunden immer noch nicht am Kloster eingetroffen war, machte ich mich guter Dinge wieder alleine auf die restliche 15 km Strecke. Vielleicht hatte er doch den direkten Weg nach Sarria eingeschlagen, wie der Großteil der Pilger. Verständlich, aber ich hatte noch etwas gutzumachen und ging gut gelaunt weiter, in der Gewissheit Paul am Abend wieder am Etappenziel im Restaurant, in einer Bar oder auf dem Zimmer anzutreffen.

Kloster Samos

Und so ist es auch, wir sitzen nun seit ca. 18.00 Uhr in einem kleinen am Fluss gelegenen Gartencafé und trinken ein Bier, während ich diese Zeilen schreibe.

Mal sehen, ob heute noch etwas Einschneidendes passiert. Falls ja, lasse ich nochmals von mir hören.
Adiós oder besser Buenas noches. **“**

Sehenswürdigkeiten und Wissenswertes auf dem Weg

Sarria: Historisch, adelig und eine Jakobus-Stadt. Im historischen Teil fühlt man sich in das Mittelalter versetzt. Die vielen Monumente sind Zeugen der alten, langen und glänzenden Geschichte der Stadt, beispielsweise die Burg, das Kloster Magdalena und viele Herrenhäuser mit Wappen, gebaut auf einer keltischen Siedlung. Der Bischof Lugo Odoario eroberte und besiedelte sie Mitte des 18. Jh. Alfonso IX., der 1230 dort starb, führte die Stadt zu größter Wirtschaftlichkeit. Berühmte Söhne der Stadt waren der Dominikaner Fray Luis von Granada und der Künstler Gregorio Fernández.

Sarria mit der Kirche Santa Marina

Die Kirche Santa Marina ist wunderschön, mit einem schlanken Turm, die Kirche Salvador wurde schon 1094 erwähnt, romanischer Bau mit gotischer Fassade, und das Krankenhaus San Antonio gegenüber vom Grafen Lemus, begünstigt durch Dionis de Castro aus der Familie der Marquis von Sarria. Heute ist ein Gericht darin untergebracht. Die Burg aus dem 14. Jh. krönte die Stadt. Sie wurde 1467 im Bauernaufstand gegen die Adeligen beschädigt. Kloster Magdalena aus dem Orden der Augustiner, gegründet im 13. Jh. durch ausländische Geistliche, wurde im 19. Jh. während der Vertreibung und Ermordung in vielen Klöstern verlassen und von den PP. Mercedarios bis heute wieder bewohnt.

Die Gastfreundschaft war und ist immer noch überall sehr bekannt. Das Kloster selbst ist gotisch-isabelino mit plateresker Fassade.

Kloster Samos

Etappe 28

■ Portomarín heißt das Ziel und es führt zwar höhenmäßig von Sarria von 430 auf nur 400 m hinab, hat aber teilweise kräftezehrende Anstiege und langsam abfallende Abstiege.
Es gibt zwar eine ganze Reihe von Orten, die man durchqueren muss, aber nichts groß Nennenswertes, außer die alten noch heute sichtbaren Überquerungshilfen für Mensch und Tier, welche für eine ganze Reihe von Bächen bzw. kleineren Flüssen vor Jahrhunderten bereits errichtet wurden.
Der heutige Zielort, das neue Portomarín, wurde um 1960 oberhalb des danach gefluteten Stausees neu aufgebaut. Einzelne historische Gebäude, wie z.B. die Kirche San Juan, wurde vor der Flutung abgebaut und im neuen Ortskern oberhalb des Stausees wieder aufgebaut. Der Rest des Ortes versank für immer in den Fluten.

3. Juni 2014

❞ Die schmackhafte überdimensionale nicht zu schaffende Pizza, die wir gestern Abend noch verdrückt haben, war zwar kein einschneidendes Erlebnis, aber liegt mir immer noch schwer im Magen und in Erinnerung.

Während des Essens hatten wir Gesellschaft von einigen sehr netten Pilgern, deren Namen ich mir im Gegensatz zu Paul beim besten Willen nicht alle merken konnte. Meine Aufnahmefähigkeit in puncto Namen und Bekanntschaften ist auf dieser Tour etwas begrenzt – ob unbewusst oder bewusst, vermag ich nicht zu sagen. Ich denke, ich bin ein wenig verwöhnt von der ersten Tour und genieße die Erinnerung an die wunderbaren Bekanntschaften, die wir dort gemacht haben – irgendwie haben neue ernsthafte Begegnungen (vermutlich zu Unrecht) keinen Platz mehr auf unserer dritten und letzten Etappe. Daher haben wir dann auch den Rest des Abends zur Abwechslung mal wieder alleine verbracht und genossen das eine oder andere Gläschen auf der Terrasse unseres Hotels.
Heute Morgen gegen kurz vor Zehn musste ich mich selbst – aber auch Paul – regelrecht antreiben, um aufzustehen. Bei Letzterem musste ich zu drastischen Maßnahmen greifen, die ich hier nicht näher erläutern möchte, aber ansonsten hätten wir noch bis 12.00 Uhr Siesta gehalten.

Daher schafften wir es dann doch noch, gegen 11.00 Uhr das Hotel zu verlassen, und ich eilte zur Kirche der Stadt, um mir dort noch den begehrten Stempel geben zu lassen. Da wir uns für heute eine relativ kurze Wegstrecke verordnet hatten und wie meistens getrennt liefen, gestattete ich mir noch einen kurzen besinnlichen Aufenthalt in der Kirche und machte mich dann gut gelaunt und zufrieden auf den Weg ins nächste Tagesabenteuer.

Profil Etappe 28 (E28), 21 km

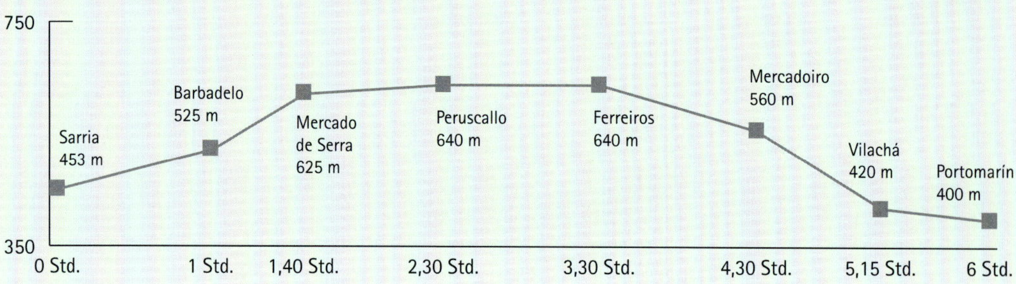

Heute galt es die letzte 100-Kilometergrenze zu knacken und das war unerwartet anspruchsvoll. Es ging gleich steil bergauf und „verdext nochmal" es verlangte einem eine stramme Leistung ab. Aber an eine Rast war vor der oben erwähnten Grenzmarke nicht zu denken. Ich will mich nicht wiederholen, aber auch dieses Mal haben mich die eindrucksvolle Natur und die freundlichen Menschen getragen. Letztere natürlich nur gedanklich.

Leider hat der Akku meines Fotoapparates heute seinen Geist aufgegeben und mein Handy muss nun herhalten.

Am heutigen ersten Rastplatz, 100 km vor dem Ziel, traf ich wie zu erwarten viele bekannte Gesichter im Innenhof des Gasthauses. Es wurden Startzeit, Eintreffzeit, Reiseziel und potentielle weitere Treffpunkte verglichen und besprochen. Doch welch eine Überraschung: Als ich nach draußen trat und weiter ziehen wollte, da saß mein geselliger Freund Paul auf einer Straßenbank. Ich fragte ihn, ob ich auf ihn warten solle und seine Antwort fiel in der Form aus, dass er aufsprang und mit einem letzten Gruß strammen Schrittes losmarschierte oder – besser gesagt – rannte. So verhielt es sich von dem Zeitpunkt an für den Rest der Tagestour. So wurde zu meiner Belustigung aus dem in La Reina gefallenen Satz „alleine gehe ich nicht" ein „hol mich doch ein".
Aber da ich, wie einige andere Pilger auch, die Strecke etwas unterschätzte, weil wir manchmal wie Anfänger nur die absolute Kilometerangabe vor Augen hatten, aber nicht die zu überwindenden Höhenmeter einkalkulierten, blieb ich bei meinem Tempo und genoss die letzten schweißtreibenden Kilometer. Damit ich auch gesund und munter am heutigen Zielort Portomarin ankomme. Der Weg hinunter in das Flusstal des Rio Minho mit Blick auf den Belesar-Stausee war ein schöner Willkommensblick. Es war wieder ein toller Tag und ich bin dankbar, dass ich ihn in gesunder Form erleben durfte.

Während ich mit dem Rücken in einer gemauerten Fassadennische der örtlichen Kirche San Nicolàs von Portomarin sitze und meinen

Tagesbericht niederschreibe, haben sich 10 Meter weiter ca. 14 Pilger an unserem gemeinsamen Abendtisch eingefunden und ich klappe mein Büchlein zu, um auch noch etwas vom Pilgerlatein mitzubekommen.

Es ist immer noch derselbe Abend gegen 22.00 Uhr und ich habe mein Büchlein wieder geöffnet und den Stift gezückt, um noch etwas niederzuschreiben, was mich heute Abend sehr bewegt hat. Paul hatte in den letzten Tagen verkündet, seine mobile Praxis wieder zu eröffnen und somit fanden sich heute am Tisch alle Fuß-, Waden-, Schulterkranke und sonstige Invaliden ein, um den Mann mit dem grünen Handtuch zu treffen. Ich hatte ihm schon prophezeit, dass dies keine leichte Aufgabe werden würde, aber dass die Massen und Gebrechen solche Dimensionen annehmen würden, hatten weder er noch ich uns vorgestellt. Die üblichen Fälle mit Muskelkater, Gelenk- und Hüftleiden, sowie einfache Fußblessuren in Form von Blasen gehören ja zum schmerzhaften Alltag, bei dem auch so manche Träne fließen kann, aber ein Pilgerpärchen hatte es überdurchschnittlich schwer erwischt.
Es hatte so ausgeprägte Fußprobleme in Form von u.a. offenem, vereiternden Gewebe, dass ich diese hier nicht weiter bildhaft beschreiben möchte, aus Sorge, die Leser könnten das Buch vor Entsetzen oder Ekel schließen. Alle anwesenden Pilger redeten mit Engelszungen auf die beiden ein und versuchten diese zu überreden, in den nächsten Tagen auf keinen Fall weiter zu laufen. Es wurde viel geweint. Auf beiden Seiten.
Lieber Leser, ich glaube, nur als Pilger kann man nachvollziehen wie schwer es einem fällt, nach bereits 700 zurückgelegten Kilometern und 100 Kilometer vor dem Ziel die Reise ab- oder zumindest zu unterbrechen. Man leidet wie ein Hund mit den Betroffenen.

Meine körperliche Schwäche in den ersten Tagen unseres dritten Teilstücks kam mir im Vergleich mit den beiden auf einmal so bedeutungslos vor. Ich riet ihnen, den Rest der Strecke mittels Bus oder Taxi zurückzulegen und so zu den üblichen Treffpunkten der anderen zu fahren, dort zu übernachten und somit ein Teil der Pilgergemeinschaft zu bleiben, deren gemeinsames Ziel sie trotz Schmerzen bis hierhin getragen hat. Sie hätten es mehr als jeder Andere – mich eingeschlossen – verdient, den Jakobsweg bis zum Ende erleben zu dürfen und Teil der Gemeinschaft zu bleiben. Ich hoffe, sie entscheiden sich für das Richtige. Der Mensch denkt, Gott lenkt. **“**

Sehenswürdigkeiten und Wissenswertes auf dem Weg

Porto Marín: Der alte Ort wurde geflutet, weil man den Staudamm baute (1956-1962), um umweltfreundlichen Strom zu erzeugen. Ein Werk des Diktators Franco. Auf der Höhe wurde Porto Marín wieder aufgebaut, nur eine Kapelle erinnert an den alten Ort.

Die alte romanische Brücke, beschädigt durch die Krieger von Königin Doña Urraca gegen ihren Mann, Alfonso de Aragon, wurde wiederhergestellt von den Pilgern Pedro im Jahr 1120.

Ein Teil davon mit einer Kapelle oben drauf ist heute der Eingang zur Stadt. Die Kirche San Nicolás, romanisch aus dem 12. Jh., und andere wichtige Monumente wurden Stein für Stein abgetragen und originalgetreu wieder aufgebaut. Dazu gehören La Casa del Conde aus dem 16. Jh., der Palast de Berbetoros aus dem 17. Jh. und die Kirche San Pedro.

Es gab drei Militärorden für den Schutz und die Hilfe der Pilger: Santiago-Ritter, Templer und die sogenannten Jerusalem-Ritter. Und es gab zwei Krankenhäuser für Infektionen und ansteckende Krankheiten.

Etappe 29

■ Palas de Rei, ab hier fügen sich die sogenannten Kegeltourgruppen auf den Weg ein. Denn die letzten 100 km des Jakobweges sind angebrochen und die muss ein fußläufiger Pilger zur Anerkennung als Pilgerer nachweisen. Man streift, nachdem man von 400 m auf ein Hochplateau von 700 m aufgestiegen ist, durch eine Heidelandschaft. Durch ihren niedrigen Bewuchs lässt diese einen weit ins Landesinnere schauen. Kurz vor dem Tagesziel fällt es auf, dass seltsame hochstämmige und dicke Bäume den Weg begleiten. Es handelt sich um Eukalyptusbäume. Man hätte sie hier eigentlich nicht vermutet, denn ursprünglich sind sie hier nicht zu Hause. Dennoch hat sich vor vielen Jahren die Regierung dazu entschlossen, auf diese Baumart zu setzen, weil sie sehr ertragreich ist. Dabei hat man jedoch nicht bedacht, dass dieser Baum der heimischen Fauna schaden könnte bzw. diese zum Aussterben verdammt.

4. Juni 2014

„Die Nacht war kurz und mein Schlaf vermutlich auf Grund der am gestrigen Abend beigewohnten traurigen Unterhaltung sehr unruhig und wenig erholsam. So verließen wir bereits um 9.00 Uhr das Hotel und marschierten wie gewohnt getrennt los. Zunächst führte der Weg fast auf der Wasserspiegelhöhe des Stausees entlang, dann über die Brücke in Richtung Herausforderung in Form eines 13 km langen Anstiegs bis zum Ort Ventas de Navrón, der ungefähr auf der Hälfte der Tagesstrecke lag. Bis dahin wollte ich ohne Rast auskommen und ich lief in meinem Tempo und trotz der unruhigen Nacht gut gelaunt dem heutigen Ziel entgegen. An meiner guten Stimmung konnten auch die etlichen „Kurzpilger" oder die von den übrigen Pilgern etwas abfällig genannten „Bus-Touris" aus aller Herren Ländern nichts ändern. Auf den letzten 100 km wird die meditative Stimmung des Weges durch ihr lautes Palavern leider etwas gestört. Ich sagte mir aber immer wieder: „Nicht aufregen, der Weg gehört Jedem".

Profil Etappe 29 (E29), 24 km

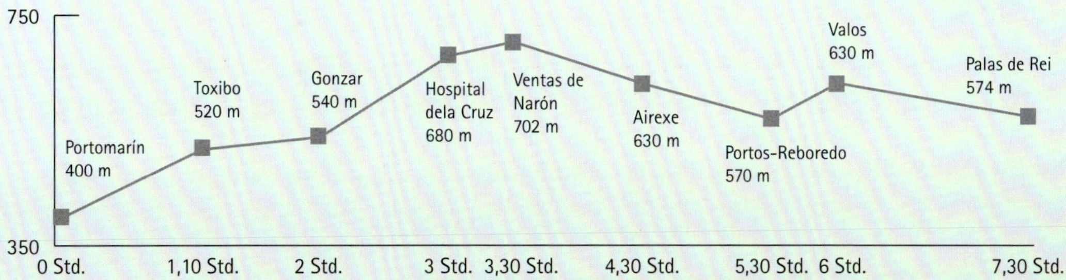

Mir ging es richtig gut, meine rechte Schulter zwickte zwar ein wenig vom Schulterriemen des Rucksacks, aber das war wahrlich kein Grund zum Jammern. Trotzdem nahm ich es zum Anlass für ein kleines Päuschen unter einer Kiefer etwa 100 m abseits vom Weg, um hier auf Paul zu warten. Und da lag ich und beobachtete ungesehen die vorbeiziehenden Pilger und wartete auf Paul, der sich aber auch nach einer Stunde Wartezeit nicht blicken ließ. War ich vielleicht doch kurz eingenickt und er war an mir vorbeigelaufen? Das würde ich wohl erst am Tagesziel erfahren und so machte ich mich los und lief die restliche Wegstrecke komplett alleine.

Im Hotel angekommen, wurde wie jeden Tag nach Ankunft in der jeweiligen Unterkunft Wäsche gewaschen, geduscht und eine Weile geruht und ich ging meine Notizen der letzten Tage durch. Während ich das eine oder andere Erlebnis der letzten Tage nochmal durchging traf auch Paul ein. Er erzählte mir von seinen neuen Bekanntschaften, wusch Wäsche, duschte und ruhte. Aber nicht lange, denn heute hatte ich Hummeln im Hintern und drängelte ins Städtchen zu gehen, um etwas zwischen die Zähne zu bekommen. Wir trafen viele Bekannte u.a. auch das Pilgerpärchen, das wir gestern versucht hatten aufzubauen. Da saßen die beiden nun bei herrlichstem Sonnenschein entspannt in einem Straßencafé, strahlten über das ganze Gesicht und teilten uns zufrieden mit, dass sie auf unser aller Rat gehört hätten und der Weg für sie hier zu Ende sei. Sie teilten uns mit, in den nächsten Jahren den kompletten Weg mit besserer physischer Vorbereitung, kürzeren Etappen, rechtzeitigen Pausen und vor allem mit adäquatem Schuhwerk nochmal in Angriff zu nehmen. Eine vernünftige und vor allem Größe zeigende Entscheidung mit Zukunft. Hut ab.

Ein gemeinsames Abendessen gehörte heute nochmals zum Ritual, dann noch ein letztes Gruppenbild von der 14-köpfigen Pilgergruppe, zu der wir ab und zu gehören und dann nichts wie zurück ins Hotel. Denn morgen stehen 29 km Weg auf dem Programm und das bedeutet: Kein Rumtrödeln und nochmaliges Umdrehen, nachdem der Wecker geklingelt hat. “

Sehenswürdigkeiten und Wissenswertes auf dem Weg

Gonzar/Castromaior: Beide Kirchen dieser Orte sind Santa María gewidmet und beide sind romanisch. Bei Castromaior befinden sich große Überreste einer keltischen Siedlung, die den Camino schmücken.

Ligonde: Wichtiger Meilenstein am Jakobsweg, hier übernachtete Carlos V. und Felipe II. Das dortige Pilger-Krankenhaus hatte den besten Ruf des Camino.

Vilar de Donas: Die romanische Kirche von 1148, dem Retter Salvador gewidmet, wurde von den Rittern von Santiago betreut und ist die Ruhestätte für alle verstorbenen Ritter aus Galizien. Architektonisch ein wahres Juwel mit Wandmalereien aus dem 14. Jh. und dem Baldachin aus dem 15. Jh. Obwohl es etwas abseits des Weges liegt, ist es einen Besuch wert.

Palas de Rei: Ort der Pilgerversammlung. Die Kirche ist San Tirso gewidmet mit Pilger-Krankenhaus. Sie gilt als Zentrum der gesamten Region, damals wie heute, mit vielen romanischen Kirchen, Burgen und Herrensitzen. Im unteren Teil der Stadt, genannt Campo dos Romeiros, trafen sich die Pilger. Die Straße del Peregrino durchquert die Stadt bis heute, dadurch fühlen sich die Pilger sehr geehrt.

Etappe 30

Der Weg nach Arzúa führt durch und an vielen kleineren Orten vorbei. Die Gegend ist geprägt von der Landwirtschaft. Interessant sind die Steinhäuser oder Holzkäfige, welche auf Stelzen an Sarkophage erinnern. Es handelt sich jedoch um Vorratsspeicher für Mais und Früchte, die man durch diesen Hochbau vor Ungeziefer wie z. B. Mäuse anscheinend wirksam schützen kann. Diese kleinen Vorratsspeicher waren oft auf dem Weg zu sehen, auch auf Friedhöfen, wo aber verständlicherweise wohl kaum Mais gelagert wurde. Auf dem Weg zwischen den Orten läuft man öfters auch mal durch Eichen- und Pinienwälder, vereinzelt sind auch Palmenhaine zu erspähen.

5. Juni 2014

» Ein bleiernes Grau schlug uns morgens bei dem Blick aus dem Fenster entgegen und machte uns das Aufstehen nicht einfacher. Aber zumindest war es wieder trocken – der Regen hatte sich über Nacht ausgetobt. Pünktlich um 9.00 Uhr verließen wir nach einem stärkenden und ausnahmsweise delikatem Frühstück unsere Unterkunft.

Begleitet wurde ich auf den ersten Kilometern von den zwei sympathischen Pärchen aus Bergisch Gladbach, die beim Frühstück an unserem Nachbartisch gesessen hatten. Es waren angenehme Kilometer und ich wäre heute sogar gerne länger in Gesellschaft gelaufen. Allerdings hat jeder sein eigenes Tempo und sollte sich auch daran halten und wer nicht mithalten kann, hat eben Pech. Es steht ja wohl außer Frage, wer hier geschwächelt hat.

Nach ca. 2,5 Stunden Gehzeit traf ich Werner aus Passau, der als leidenschaftlicher Hobbyfotograf nahezu alles ablichtete, was ihm ins Blickfeld kam. Ich vermute, er will seine Reise präzise dokumentieren, denn er fotografierte jeden Kilometerstein, Inschriften, Steintempel, Kirchen, Kapellen, Blumen, Einheimische und zu meiner Freude auch mich. Wer selber gerne fotografiert, weiß, dass man selber eher seltener auf den Fotos erscheint und das war zur Abwechslung mal sehr erfreulich. Ich revanchierte mich mit etlichen Werner-Schnappschüssen.

Er erzählte mir, dass er heute nur noch bis Melide gehen würde und da bereits ein Zimmer reserviert habe. Wir erreichten Melide über eine schöne alte Brücke, an deren Ende eine kleine gemütliche Bar lag und in die wir natürlich gleich einkehrten, um eine Kaffeepause zu machen. Sie war perfekt für mein kleines persönliches Bergfest, die Hälfte der heutigen Etappe war geschafft.

Brücke in Melide

Bekannte Gesichter begrüßten uns freundlich und man hielt das eine oder andere Pläuschchen. Ich wollte gerade aufbrechen, da schneite Paul auf einmal herein und ich überlegte kurz, ob ich mein Päuschen ihm zuliebe noch verlängern sollte. Aber ich hatte lange genug pausiert, und nach einem kurzen „Adios" machte ich mich weiter auf den Weg, denn wir liefen auch heute meist getrennt.

Für die heutigen ersten 15 Kilometer bis nach Melide hatte ich nur knapp drei Stunden gebraucht und ich ging davon aus, dass dies auch weiterhin so zügig und entspannt laufen würde. Aber falsch gedacht. Ich lief zwar wieder durch wunderschöne Landstriche, allerdings bei Kilometer 25 fing die Tortur an und es ging in einem permanenten Wechsel hoch, runter, hoch,... Dieses ständige Auf und Ab war so kräftezehrend, dass ich für die restlichen 14 km circa 4,5 Stunden brauchte und mich in unsere Unterkunft schleppte. Auf dem Bett liegend wartete ich auf Paul, der irgendwann in unser Zimmer stolperte. Er hatte für die restliche Strecke sogar 6,5 Stunden gebraucht. Er war fix und fertig, hatte Wadenkrämpfe und war psychisch am Boden – eine kleine fleischgewordene Pilgerdepression. Es erwischt leider jeden mal, auch den Mann mit dem grünen Handtuch.

Aber wer uns kennt, weiß, dass wir uns nicht lange hängen lassen, so machten wir uns frisch, überredeten uns gegenseitig zu ein paar Dehnungsübungen, einem kleinen Powernap, welchen ich bis heute noch nicht erwähnt hatte, jeden Morgen und jeden Abend einen Powernap und ab ging es in die Pilgerszene. Bei unserer Suche nach einem geeigneten Lokal erinnerten wir uns an eine vor dem Lokal aufgebaute riesige Paellapfanne mit einem Durchmesser von ca. 1,5 m. Wir liefen also zielstrebig auf die Pfanne zu, um einen Blick hinein zu werfen. Aber eine Pilgerbekanntschaft, die uns entgegen kam und das Lokal verließ, teilte uns mit, dass die Pfanne bereits ratzeputz leer sei. Aber so schnell ließen wir uns nicht abwimmeln – und mit Erfolg: Die Küche hatte ausreichend vorgesorgt und wir bekamen erfreulicherweise nach kurzer Zeit auch noch eine großzügige und leckere Portion ab. Dazu gab es ein gutes Glas Wein und der gemütliche Teil des Tages nahm seinen Lauf. Ein wenig stolz über die heutige Tagesleistung tauschten wir unsere Erlebnisse des Tages aus, sprachen über die letzten vor uns liegenden 40 km und genossen die Zufriedenheit, die man nur verspürt, wenn man mit sich im Einklang ist. Die heutige Strecke hatte uns zwar viel Kraft gekostet, aber eben auch die oben erwähnte Zufriedenheit geschenkt, die wir beide aus völlig andersartigen Situationen schöpfen. Bei Paul ist es, wie schon erwähnt, die stete Kommunikation mit anderen Pilgern. Bei mir eben die Stille, das meditative Laufen mit der Natur und meinem inneren Schweinehund. Selbst die immer größere Schar an Bustouris hatte mich heute nicht aus dem Konzept gebracht und mir sogar einen freundlichen Gruß entlockt. Man lernt im Laufe des Weges, sich auf sich zu besinnen und kann bestimmte „Fremdkörper" ausblenden. Gelassen murmelte ich mein Mantra „der Weg gehört Jedem", eben auch den Kegelbrüdern und -schwestern.

Nachdem wir die letzten Bissen der Paella, mit einem Schlückchen Wein heruntergespült hatten, sahen wir unsere kleine thailändische Pilgerschwester La vorbeihumpeln. Wir begegneten uns täglich seit Rabanal, hatten jedoch außer einem Gruß „Buon Camino" noch nicht miteinander gesprochen. Sie war mit einer aus Teneriffa stammenden älteren Frau unterwegs. Was uns besonders gefiel, La sprach perfekt Deutsch, sie studierte in Stuttgart Touristik.

Profil Etappe 30 (E30), 29 km

Brücke im Park von Arzúa

Da sie eine sehr aufgeschlossene Person war, fragte ich sie nach dem Grund ihrer Gehbehinderung und sie gab mir bereitwillig Auskunft. Ich schaute gleich in unser imaginäres Behandlungsbuch und nach kurzer Rücksprache mit Paul wurde ein spontaner Behandlungstermin vergeben. Es sollte vielleicht kurz erwähnt werden, dass ich als Coach der Gesundheitsabteilung nach potentiellen Patienten Ausschau hielt und diese weitervermittelte. Paul, der Mann mit Herz und Handtuch, erklärte sich sofort bereit, der Ursache für die Schmerzen auf den Grund zu gehen und forderte La auf, ihre Socken auszuziehen, was diese aber mit einem entsetzten „Auf gar keinen Fall" ablehnte. Eine lange Diskussion entbrannte und sie machte deutlich, dass bisher noch nie jemand ihre Füße berührt hatte und es ihr unangenehm sei. Aber sie hatte nicht mit unserer Entschlossenheit und Überredungskunst gerechnet und es dauerte nicht lang und sie lag, die Beine ausgestreckt, den Kopf im Nacken und mit den Augen rollend in ihrem Bistrostuhl und ließ Pauls angenehme, aber schmerzhafte Massage über sich ergehen. Da Paul die Behandlung mit einem Tapen der Füße abschließen und unterstützen wollte, aber seinen Behandlungskoffer ausnahmsweise mal nicht zum Dinner mitgebracht hatte, brachen wir gemeinsam zu unserem Hotel auf, wo Paul seine gut Tat für heute in der Lobby vollendete und wir der Dame für ihre Geduld einen Drink spendierten. Gelöst und entspannt (vielleicht waren aber auch nur die Behandlungsschmerzen der Auslöser) vertraute sie uns an, dass sie uns schon seit geraumer Zeit beobachtete und einen Spitznamen für uns hatte: „Die zwei Allemannen, die in keine Albergue gehen". Man ist tatsächlich nie namenlos unterwegs, wir hatten ja auch einen Beinamen für sie: „Die Kleine mit den strammen Waden", den wir ihr aber nicht anvertrauten, da wir nicht wussten, ob sie das verletzend aufnehmen würde. Paul hatte gerade seinen Behandlungskoffer geschlossen, da lief Jakob, einer von den Altmühltaler Burschen, und Petra, die in Portomarin eine sowohl körperliche als auch seelische Aufmunterung durch Paul erhalten hatte, vorbei. Sie war immer noch hellauf begeistert über ihre Genesung und ihre neue Vitalität, während Jakob leider immer noch erhebliche Probleme mit seinem Fuß hatte, obwohl er vom Meister in Person ebenfalls in Portomarin behandelt worden war. Das konnte dieser natürlich nicht auf sich sitzen lassen und kurzerhand wurde das Behandlungszimmer wieder geöffnet und die Lobby zum Amusement der übrigen Gäste erneut Folterkammer mit Wohlfühlcharakter. In der einen Minute wohlig seufzend, entgleisten in der anderen Minute Jakobs Gesichtszüge vor Schmerzen, um in der darauffolgenden wieder in ein seeliges Grinsen zu wechseln.

Auch heute Abend hat Paul wieder mal Großartiges geleistet. Obwohl er selber völlig erschöpft und ausgepowert war, hat er wieder mal seine ausgeprägte Nächstenliebe gezeigt. Als das Patientenzimmer sich langsam leerte, orderte ich noch eine Flasche Wein und ging mit Paul und Wein im Schlepptau auf unser Zimmer. Mit dem Wissen, dass wir am morgigen Tag nur 18 km zurückzulegen hatten und wir daher eine Stunde länger schlafen konnten, wurde die Flasche tatsächlich noch genüsslich geleert. Die Bettschwere brach schnell über uns herein und das Licht wurde gelöscht.

Wir danken allen Pilgerbrüdern und -schwestern sowie der Natur, dem Wetter, dass wir einen so entspannten Tag auf dem Ziel nach Santiago de Compostela erleben durften.

Bis morgen Pilgerbrüder. **“**

Sehenswürdigkeiten und Wissenswertes auf dem Weg

Viele kleine interessante Ortschaften und Weiler gibt es auf diesem Weg bis Santiago. Sie alle zu benennen ist aus Platzgründen nicht möglich.

San Xulián do Camiño: Die Kirche ist ein kleiner romanischer Tempel aus dem 14. Jh. Gewidmet San Julian, einem Hospedero (Pilgervater), der viel Gutes für die Pilger tat und hier sehr verehrt wird. Castill Pambre, eine Burg aus dem 14. Jh., mit einer soliden Festung war die einzige, die die Angriffslust der Irmandiños, der früheren Bewohner Galiziens, überlebte.

Porto de Bois: Die Bühne der blutigen Schlacht zwischen den Trastámara und dem Grafen de Lemos, Befürworter von Pedro dem Grausamen. Der Graf verlor die Schlacht und floh nach London, wo er 1376 starb.

Campanilla: Der letzte Ort der Provinz Lugo. La Coruña beginnt in den Häusern von Cornixa. Über das Feld der Feldhasen erreicht man Leboreiro. Wie der Führer Galastinus sagt: „Nettes Dorf mit mittelalterlichem Ambiente". Eine einfache romanische Kirche aus dem 13. Jh., Santa María gewidmet. Die einzige, die ich bis dahin gesehen habe, mit Mutter Gottes María als Pantocratin mit dem Jesuskind auf dem Arm. Gegenüber ein Haus der Ulloa, das ein Pilger-Krankenhaus war. Viele mittelalterliche Brücken sind erhalten, auch die Magdalena-Brücke am Ende des Ortes.

Furelos: Die Kirche ist San Juan gewidmet. Hier gab es auch ein Pilger-Krankenhaus. Die Brücke Ponte Velha mit vier Bogen ist gut erhalten.

Melide: Wichtiges mittelalterliches Zentrum. Hier befindet sich die letzte romanische Kirche auf dem Camino Francés. Pulpo (Krake) essen zu gehen, ist ein Muss, nirgends in Spanien schmeckt er besser als hier. Aus ganz Spanien kommen die Gäste. Direkt an der Stadtpforte gab es ein Kloster mit dem Pilger-Krankenhaus Santi Spiritus und einer romanischen Kirche mit Wandmalereien aus dem 15. Jh. und Kampfszenen von Santiago als Maurentöter. Diese Kirche wurde versetzt nach San Pedro und dient heute der Gemeinde.

Im Museum der Stadt gibt es exzellente Exponate aus ganz Galizien. Es gilt als wichtiges geografisches Zentrum. In der täglichen Pilgermesse gegen 20 Uhr werden die Pilger gesegnet. Am Ende der Stadt befindet sich die Kirche Nuestra Señora, umgeben von einem typischen galizischen Friedhof romanischen Ursprungs. Am Fluss in der Nähe befand sich ein dazugehöriges Krankenhaus.

Boente de Riba/Boente de Baixo: Zwei Teilorte mit der Kirche Santiago, im Altar Jakobus sitzend dargestellt und im Eingangsbereich viele Bilder von ihm mit einem Gebet in vielen Sprachen und einem Pilgerstempel.

Castañeda, die vielen Kastanienbäume geben dem Ort den Namen. Hier gab es viele Öfen, in denen laut Aymeric Kalk gebrannt wurde für den Bau der Kathedrale von Santiago.
Es ist bekannt, dass die Pilger Kalksteine bei sich trugen von Triacastela bis Castañeda, wo die Steine abgebaut wurden.

Etappe 31

■ Vorletztes Tourenziel ist Rúa. Die Landschaft wechselte stets von landwirtschaftlicher Nutzfläche in immer größer werdende Eukalyptuswälder mit riesigen Bäumen, die im Durchmesser, wie auch in ihrer Höhe, beeindruckend sind sowie zahllose kleinere landwirtschaftlich genutzte Ortschaften. Auf den letzten 100 km fällt aber auch auf, dass wesentlich mehr körperlich lädierte Pilger auf dem Weg sind, als in vorherigen Etappen. Dies wird wohl am nahe liegendem Ziel Santiago de Compostela liegen.

6. Juni 2014

” Wie geplant ließen wir den Morgen ruhig angehen und ließen uns Zeit beim Frühstück. Anschließend machten wir unsere morgendlichen Besorgungen. Paul zog es in die Apotheke, mich in die Kirche, um den wohlverdienten Stempel für meinen Pilgerpass abzuholen. Nach etwa einem Kilometer trafen wir uns wieder, starteten unsere vorletzte Tagesetappe zusammen und beschlossen, auf den ersten Kilometern heute einen gemeinsamen Tempel für unsere beiden Familien zu bauen. Nach einer geeigneten Stelle Ausschau haltend, liefen wir durch einen idyllischen Wald und fanden nach kurzer Zeit schon die passende Stelle. An einem kleinen Bach, eingebettet zwischen kräftigen Bäumen, die ein schönes Schattenspiel auf den Bach warfen, errichteten wir den Tempel für unsere Liebsten.

Nach kreativer Schöpfungspause zogen wir weiter und erreichten nach ca. 10 km eine kleine Bar, in der bereits Erich und Bärbel, ein Pärchen aus Göttingen, saßen. Sie bestanden darauf, dass wir uns zu ihnen gesellten und verhörten uns, da sie uns schon länger beobachteten, auf eine charmante Art.

Beide hatten von meiner Absicht des Tagebuchschreibens gehört. Nach dieser kurzweiligen Rast mit dem üblichen Café con leche zogen wir weiter. Nach kurzer Zeit entdeckte ich auf dem Weg voraus auch schon das erste Tagesopfer. Einen humpelnden Pilger. Wir erreichten ihn zügig und Paul begrüßte ihn mit einem herzlichen „buenos dias senior" und verwickelte ihn in ein Kurzgespräch. Barrieren kennt Paul weder bei der Sprache noch bei seinen Behandlungsmethoden nicht. Daher zog ich schmunzelnd weiter und drehte mich nach zwanzig Minuten neugierig um – und siehe da: Der in diesem Fall spanische Patient lag schon rücklings an den Hang gelehnt und Paul begutachtete sein Knie. Ich drehte mich leise lachend wieder um und zog weiter. Wenn es etwas Erwähnenswertes zu berichten gab, würde ich es schon erfahren. Paul traf etwa zwei Stunden später in unserer gemeinsamen Unterkunft ein und war ebenso erschöpft wie ich. Wir waren mal wieder von der tatsächlichen Kilomteranzahl der Tagestour überrascht worden, denn die beschriebenen 18 km entpuppten sich am Ende als mindestens 20 km. Wer jetzt denkt, dieser kleine Unterschied sei lächerlich, der möge bitte mal 18 km laufen, sich mental auf die 18 km verlassen und beim Passieren der Ziellinie mitgeteilt bekommen, man habe sich verrechnet und müsse nun noch 2 – 3 weitere Kilometer dranhängen... Es fühlte sich unendlich weit an. Aber wir haben es ja geschafft. Unsere heutige Unterkunft lag etwa 300 m vom Camino zurückgesetzt und somit etwas einsamer als die Unterkünfte zuvor. Bisher hatten wir keine bekannten Gesichter entdeckt und bis auf ein paar japanische Pilger schienen wir die einzigen Gäste zu sein. So saßen wir nun in entspannender Stille in unserer Unterkunft, tranken Bier, schmausten Käse und Serranoschinken und verlebten einen ruhigen Abend. Paul in seine Bibel vertieft und ich schrieb meine täglichen Zeilen in mein Büchlein.

Heute ist mir wieder aufgefallen, wie viele schmerzverzerrte Gesichter es auf dem Weg zu sehen gibt. Manche laufen so verbissen und mit ablesbarer Qual, dass man sich nicht traut, sie anzusprechen. Irgendwann macht man es aber doch, da man den inneren Zwang verspürt, diesen Menschen Mut zuzusprechen. Was auch immer diese Menschen trotz der offensichtlichen Qualen an- und weitertreibt, ihnen gilt meine ganz besondere Bewunderung.
Im Gegensatz zu diesen Menschen sind Paul und ich Luxuspilger, die ein Selbstexperiment durchführen, um zu sehen, wohin die Reise geht. Wir werden weder durch kranke Familienmitglieder oder andere treibende Kräfte angetrieben, uns fehlt es an nichts und wir wollten, salopp formuliert, nur unseren inneren Schweinehund testen. Was so oberflächlich begann, entwickelte sich zu einem Weg zu mir selber. Deshalb möchte ich an dieser Stelle die Gelegenheit nutzen und zum Ausdruck bringen, dass wir, die genug von allem haben, nicht die vergessen sollten, die weniger haben. Weniger Besitz, weniger Gesundheit, weniger seelische Kraft, weniger tiefe Freundschaften und weniger Familie.
Das oben Geschriebene sollte eigentlich der heutige Schlusssatz sein, aber nun, ein paar Stunden später, möchte ich noch etwas hinzufügen. Etwas, das mich heute Abend noch sehr bewegte. Unsere Unterkunft hatte sich im Laufe des Abends doch noch wider Erwarten

Profil Etappe 31 (E31), ca. 19 km

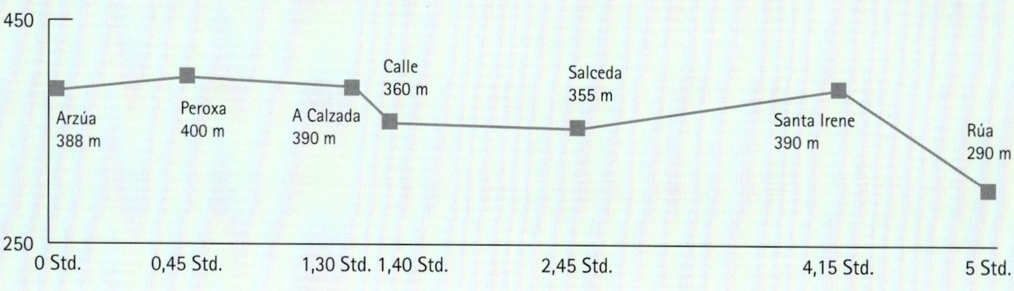

mit Pilgern aus Schottland, Österreich und Deutschland gefüllt. Neben all den neuen Gesichtern, mit denen man das eine oder andere Wort wechselte, fiel mir hier im Restaurant an unserem Tisch sitzend eine Österreicherin ins Auge, die mir schon gestern und wiederholt heute wegen ihres eigenartigen Laufstils mit gestrecktem Bein aufgefallen war. Ich hatte Paul von ihr berichtet und ihn gebeten, er solle sich ihrer doch einmal annehmen, wenn wir sie mal zu packen bekämen. Ohne lange zu zögern griff Paul an und überzeugte die Österreicherin an Ort und Stelle, die erforderlichen Körperstellen frei zu legen. Nach kurzem Zieren genoss sie, wie alle anderen Patienten zuvor auch, die zwischen Marterei und entspannender Massage abwechselnde Behandlung und saß mit einem mal gequältem, mal mit einem seeligen Gesichtsausdruck in ihrem Stuhl.

An unserem Tisch aber saß auch noch eine ältere deutsche Pilgerin, die mir einen sehr verbitterten Eindruck machte. Ich versuchte sie in ein Gespräch zu verwickeln. Im Laufe des Gesprächs kristallisierte sich heraus, dass sie das Vertrauen in ihre Mitmenschen verloren hatte, da sie von diesen sehr verletzt worden sei. Sie wolle mit dem Zurücklegen des Weges einen Neuanfang beginnen und alles andere hinter sich lassen, vergessen. Ich versuchte ihr behutsam klar zu machen, dass ihre Worte sie aber Lüge straften. Wenn sie tatsächlich einen Neuanfang beginnen wolle, sie nun nur noch 20 km Laufweg hätte. In der damit verbundenen Zeit, so war mein Rat, soll sie denen verzeihen, die sie verletzt hatten und lernen, die um Verzeihung zu bitten, die sie verletzt hatte. Ohne Verzeihen sei kein Neuanfang möglich. Sie brach, ob meiner behutsamen, aber ehrlichen Worte, in Tränen aus, die sie lange zurückgehalten hatte. Sie meinte, sie wolle nochmal darüber nachdenken, ob sie für diese Art von 20 km bereit sei. Paul widmete sich danach ihren Füßen und stellte schnell den Grund für ihr Fußproblem fest. Zuviel Konsum ihres geliebten Früchtetees, den, so gab sie zu, sie in rauen Mengen zu sich nahm. Ich staunte mal wieder nicht schlecht über Pauls Kenntnisse und bin wiederholt sehr dankbar, auf Pauls damalige Bitte, mich auf dem Weg begleiten zu dürfen, ja gesagt zu haben. Ich erlebe jeden Tag faszinierende Erlebnisse und Paul macht diese noch ein wenig bunter. Ich bin froh, ein Teil davon sein zu dürfen.

Liebe Ella, hier an dieser Stelle ein großes Lob und Dankeschön an Dich, Deine Liebe und physiotherapeutischen Qualitäten an Deinen Sohn weitergegeben zu haben. Ihr beide seid für viele Pilger, den daheimgebliebenen Patienten und mich die Besten.
Gute Nacht. **“**

Sehenswürdigkeiten und Wissenswertes auf dem Weg

Arzúa: Eine Stadt in ihrer Blütezeit – heute größte Einkaufsstadt der Region mit typischer galizischer Architektur, einer historischen Markthalle, guten Restaurants und jeder Menge Verkehr. Die Augustiner gründeten hier das Kloster Magdalena im 14. Jh. mit einem Pilger-Krankenhaus. Heute ist nur noch die Kirche erhalten.

In der Kirche Santiago sind zwei Darstellungen des Apostels zu sehen. Eine als Pilger, die andere als Maurentöter im Hauptaltar. Nach der täglichen Abendmesse werden die Pilger nach vorne gerufen und gefragt, aus welchem Land sie stammen, dann wird gemeinsam ein Lied in verschiedenen Sprachen gesungen und sie werden gesegnet. Durch die Rúa Carmen, an der Quelle „Fuente de los Franceses" vorbei, führt der Camino nach As Barrosas mit der Kapelle San Lázaro. Der Name Las Barrosas deutet an, wie die Wege hier sind. Barrosos: schlammig, wie so oft in Galizien.

Diese Etappe könnte man auch wegen der zahlreichen Flüsse und Bäche „1000 Wasser" nennen.

Etappe 32

Das Ziel, in der Phantasie vor Augen und ständig hoffen, es bald erblicken zu können, wird jedoch vorerst vom Fluglärm des regionalen Flugplatzes und dem dann folgendem größeren Gewerbegebiet abgelöst.
Irgendwann erreicht man jedoch den Monte do Gozo (zu deutsch - Berg der Freude).
Denn von hier kann man zum ersten Mal die Silhouette der Stadt und - wenn man Glück hat - auch die Türme der Kathedrale von Santiago de Compostela erkennen. Mehr aber auch nicht, da sich die übrigen Häuser sehr dicht um die Kathedrale anschmiegen.

Am Port do Camino (Pforte des Weges) betritt man die eigentliche Altstadt. Santiago wurde auf dem im 9. Jahrhundert gefundenen Jakobsgrab errichtet. Die Kathedrale selbst, entstand im 11.-12. Jahrhundert wobei sie selber nach der Grabeskirche in Jerusalem das zweitwichtigste Pilgerziel des christlichen Glaubens ist.

7. Juni 2014

» Wir waren spät dran heute und frühstückten in dem fast leeren Frühstücksraum gemeinsam mit der Wienerin, die Paul gestern Abend noch behandelt hatte. Zu ihrer Enttäuschung hatten ihre beiden Weggenossen sie mal wieder alleine zurückgelassen und ihr lediglich in Aussicht gestellt, auf den letzten Kilometern vor Santiago de Compostela auf sie zu warten; allerdings nur wenn das Wetter es zuließ und es nicht regnete. Bei einem Blick in den Himmel wurde einem aber deutlich, dass die Chancen dafür schlecht standen.

Paul und ich starteten die letzten 26 km wieder mal gemeinsam, wir kamen gut voran, bauten nochmals einen Tempel und zogen aufgrund des trüben Himmels schnell weiter. Auf der Hälfte der Strecke, in der Nähe des Flughafens von Santiago, wurde der Himmel immer dunkler und die tiefliegenden Wolken vermittelten den Eindruck, sie wären zum Greifen nah und es fing an wie aus Eimern zu schütten.

Zu unserem Glück befanden wir uns in unmittelbarer Nähe zu einem Restaurant und Paul, der ja bekanntlich kein regentaugliches Outfit bei sich trug, blieb daher hier und musste auf besseres Wetter warten. Hätte er mal besser auf den rot-weiß gestreiften kleinen Helfer aufgepasst. Ich, der mittlerweile wieder kurierte „Eiserne", lief alleine weiter - unserem Ziel entgegen. Nach wenigen Metern traf ich auf die zurückgelassene Wienerin, die ebenfalls dem Wetter trotzte und weiterlaufen wollte. Ich fragte sie, ob sie mit mir gemeinsam weiterlaufen wolle. So liefen wir bei starken Regengüssen gemeinsam weiter, bis der Regen so stark wurde, dass man förmlich weggespült wurde. Als wollte der Weg hier nochmal seine Muskeln spielen lassen, war an ein Weiterlau-

Profil Etappe 32 (E32), 22 km

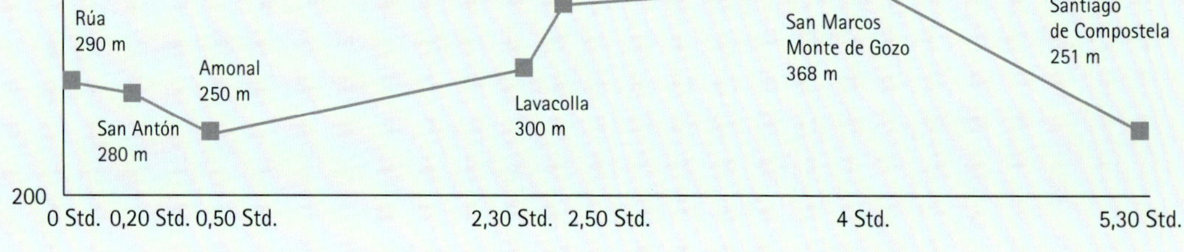

fen nun nicht mehr zu denken. Wir suchten gemeinsam mit einer Handvoll weiterer Pilger Schutz unter einer Straßenunterführung und erst nach etwa 30 Minuten entspannte sich die Wetterlage und wir machten uns bereit, weiter zu ziehen.

Meine Begleiterin nestelte minutenlang an sich herum, zog sich trockene Kleidung an, zog das eine Kleidungsstück wieder aus, ein anderes an, dann letzteres wieder aus und war so unentschlossen ob sie schon weiterlaufen sollte oder nicht, so dass ich beschloss, alleine weiter zu laufen. Wer weiß, was in ihrem Kopf vorging? So ganz ohne Tick läuft keiner diesen Weg und die gestrige abendliche Runde war schon eine seltsame.

So langsam fühlte ich meine Gelenke und ein Ziehen im rechten Schienbein, vermutlich durch die Nässe und den schneidenden Wind ausgelöst. Aber der Wunsch, bald das langersehnte Ziel zu erblicken, wurde immer stärker und verlieh mir nochmal Kraft.

Und endlich – da war sie – die in Nebelschwaden liegende Silhouette unseres lang ersehnten und hart erkämpften Ziels!

Santiago de Compostela

Die imposante Kathedrale lag leider hinter einer Anhöhe versteckt und war nicht zu sehen. Also machte ich mich zielstrebig auf den Weg in die Stadt. Laut Stadtplan lagen noch ca. 5 km vor uns und so durchgefroren wie ich war, kehrte ich kurzentschlossen in eine Bar ein, um mich aufzuwärmen. Nach kurzer Rast und einem aufwärmenden Getränk ging es zielstrebig weiter zu unserem Hotel. Zu unserer beider Überraschung traf Paul dort quasi zeitgleich mit mir ein. Wie man sieht, läuft man stets gemeinsam, auch wenn man meint, man ist alleine.

Nach einer kleinen Siesta hielt es uns nicht länger im Hotel und wir liefen zielstrebig zur Kathedrale, in der heute, wie jeden Freitag, eine besondere Pilgerzeremonie stattfinden sollte. Es wurde ein riesiger Weihrauchkessel – einer Schaukel gleich – durch das Kirchenschiff geschwungen. Dieser Kessel war so schwer, dass er nur von sechs Personen, die gemeinsam an einem Seil ziehend, in Schwung gesetzt werden konnte. Dabei mussten die Männer stark an dem Seil reißen, damit der Kessel mehrere Meter in die Höhe

Hauptaltar in der Kathedrale

pendelte. Auch wenn man sprachlich nichts versteht, ist es ein beeindruckendes Erlebnis, das alleine durch die Anwesenheit hunderter Pilger noch verstärkt wird. Und siehe da, ohne zu suchen finden sich in dieser Menschenmenge die vielen bekannten Gesichter der letzten Tage oder Wochen wieder, fallen sich zum Teil gelöst um den Hals und gratulieren sich gegenseitig. Und egal ob Mann oder Frau, ob schmächtig oder starker Statur, egal welchen Alters, egal ob mit oder ohne viel Lebenserfahrung, alle freuen sich wie die Kinder.

Nach dem beschwingten Wiedersehen gehen alle gemeinsam zur Urkundenausgabe und nun bedeutet es für alle Geduld bewahren und anstehen. Man kann sich vorstellen, wie schwierig das dem Einen oder Anderen fällt und man hofft sehnlichst, noch vor 20.30 Uhr durch das Tor vor der Registrierung schlüpfen zu können, da dieses um die oben genannte Uhrzeit geschlossen wird. Und nur wenn die Urkundenausgabe flüssig läuft, können mit ein bisschen Glück noch ein paar vor dem Tor wartende Pilger nachrücken. Was soll ich berichten? Wir, die letzten 10 wartenden Pilger, waren nicht Teil der Glücklichen und bekamen ein klares „No“ und die Ansage, unser Glück bitte morgen ab 8.00 Uhr wieder zu versuchen.

So gingen wir Übriggebliebenen noch auf einen Absacker in ein nahegelegenes Restaurant in der Altstadt und fielen dann, mit dem Ziel vor Augen, um 8.00 Uhr morgens vor dem Tor zu stehen, erschöpft und glücklich ins Bett. **“**

Anstellen zur Registrierung

7. Juni 2014 – Abreise

„ *Pünktlich um 7.55 Uhr standen Paul und ich als die Ersten unserer Gruppe vor dem Tor der Urkundenausgabe, aber mehr als hundert Pilger hatten wohl auf den gestrigen Absacker verzichtet und waren schneller als wir. Unsere restlichen Leidensgenossen trudelten ca. eine halbe Stunde später ein und mussten sich weit hinter uns einreihen.*

Ausgabe der ersehnten Pilgerurkunde

Nach über 1,5 Stunden hielten wir endlich das langersehnte Dokument in den Händen. Wir verabschiedeten uns glücklich von unseren noch in der Schlange wartenden Pilgerfreunden und gingen zurück ins Hotel, um ausgiebig zu frühstücken und für den letzten Streckenabschnitt, die Heimreise zu unseren Liebsten, ein letztes Mal unseren Rucksack zu packen.

Leider wurde es eine lange Rückreise von Santiago über Palma de Mallorca und wir landeten nicht, wie geplant, um 24.00 Uhr Mitternacht in Köln-Bonn, sondern wesentlich später und trafen erst gegen 4.00 Uhr morgens zu Hause ein, um erschöpft und glücklich ins eigene Bett zu fallen.

Mal Anfang mal Ende

Es waren wieder anstrengende, schöne, prägende und spannende Tage und viele friedliche und freundliche zwischenmenschliche Erfahrungen mit anderen Menschen, anderen Kulturen und vor allem mit mir selbst. Letzteres wird mich hoffentlich auch in Zukunft immer mal wieder aufs Neue überraschen. Schön wäre es. **“**

Sehenswürdigkeiten und Wissenswertes auf dem Weg

Vorbei an Vilamaior, erreichen wir San Marcos, ein Ort auf dem Hügel Monxoi (spanisch: Monte de Gozo, deutsch: Berg der Freude). Diesen Namen gaben die Pilger dem Berg, weil sie von dort zum ersten Mal die Türme der Kathedrale sahen. Die Kapelle ist ein beliebter Ort zum Danke sagen mit Liedern, Gebeten und Stille. Viele Päpste trafen sich hier mit der Jugend der Welt. In einem riesigen Monument sieht man Szenen der Pilgerschaft, auch Franz von Assisi, und das Aufeinandertreffen der Wege aus fünf Kontinenten.

Das Monument auf dem Monte de Gozo

Über die Autobahnbrücke und die Kapelle San Lázaro mit Leprakrankenhaus erreicht man Santiago de Compostela, Ziel des Pilgerweges und von Millionen von Pilgern mit unterschiedlichen Erwartungen für jeden Einzelnen. Auf dem Weg zur Kathedrale stehen viele Kirchen und Kapellen, San Roque und San Pedro, direkt am ehemaligen Tor „Porta do Camiño" vorbei.

Wir folgen der Rúa das Casas Reais, Ánimas mit der Kirche gleichen Namens, Plaza de Cervantes und Azabachería, Pl. de la Inmaculada (el „Paraiso" de Aymeric), um durch den Nordeingang in die Kathedrale einzutreten.

In den Heiligen Jahren versucht jeder Pilger, die Kathedrale durch die Heilige Pforte zu betreten, die nur in dieser Zeit geöffnet ist. Ein Heiliges Jahr ist dann, wenn der 25. Juli, der Jakobustag, auf einen Sonntag fällt.

Fazit – ein Stück Weg 2014

- Zeige deine Schwächen, denn es zeigt auch deine Stärken!
- Ein gesunder Geist und Willenskraft können auch einen geschwächten Körper zu außerordentlicher Leistung verhelfen
- Wenn du dich in Gesprächen offen und ehrlich gibst, kann es gelingen, andere davon zu überzeugen, etwas Gutes für sich selber zu tun.
- Galizien wäre eine Strecke, die ich mit guten Freunden nochmals gehen würde.
- Auf dieser Reise habe ich viel über meine Vergangenheit und vielleicht auch etwas über meine Zukunft gelernt.
- Ich war neugierig auf etwas ganz Neues gestartet, dabei habe ich viel aus meiner Vergangenheit wieder entdeckt.
- Danke Paul, dass du seinerzeit an meine Ehre appelliert hast, nämlich das zu tun, was man einmal gesagt hat. Ich hatte diese Tugend fast vergessen!
- Danke an meine Familie und alle Freunde zu Hause, die mich stets mit ihren Herzen begleitet haben.
- Danke an jeden, der mit seiner Anwesenheit „meinen persönlichen Weg" begleitet und erleichtert hat.
- Einem Weg, den man gehen möchte, muss man dahin folgen wo er ist!

Abschlussgedanken

Liebe Leser/innen,

wir alle haben vieles gemeinsam, unser Lebensweg besteht aus einer Reihe von Wegen mit unzähligen, abertausenden Schritten.
Jeder Schritt wird begleitet von:

Freude und Leid – Erfahrung und Enttäuschung – Gesundheit und Krankheit – Teilnahme und Anteilnahme – Strapazen und Leichtigkeit – Lernen und Vergessen – Achtung und Missachtung – Höhen und Tiefen – Ekel und Ästhetik – Start und Ziel – Kälte und Wärme – Gutes und Schlechtes – Ehrlichkeit und Unehrlichkeit – Vorteil und Nachteil – Liebe und Hass – und, und, und ...

Wichtig dabei ist, lerne daraus und gestalte Deinen Weg so, dass Du am Ende mit Dir im Einklang stehst!
Ich für mich habe Neues dazugelernt, bereits Vergessenes wieder entdeckt. Ich sage nur: „Gut, dass ich dieses Stück Weg gegangen bin."

Ende des Jakobsweges bei km 0 am Kap Finisterre

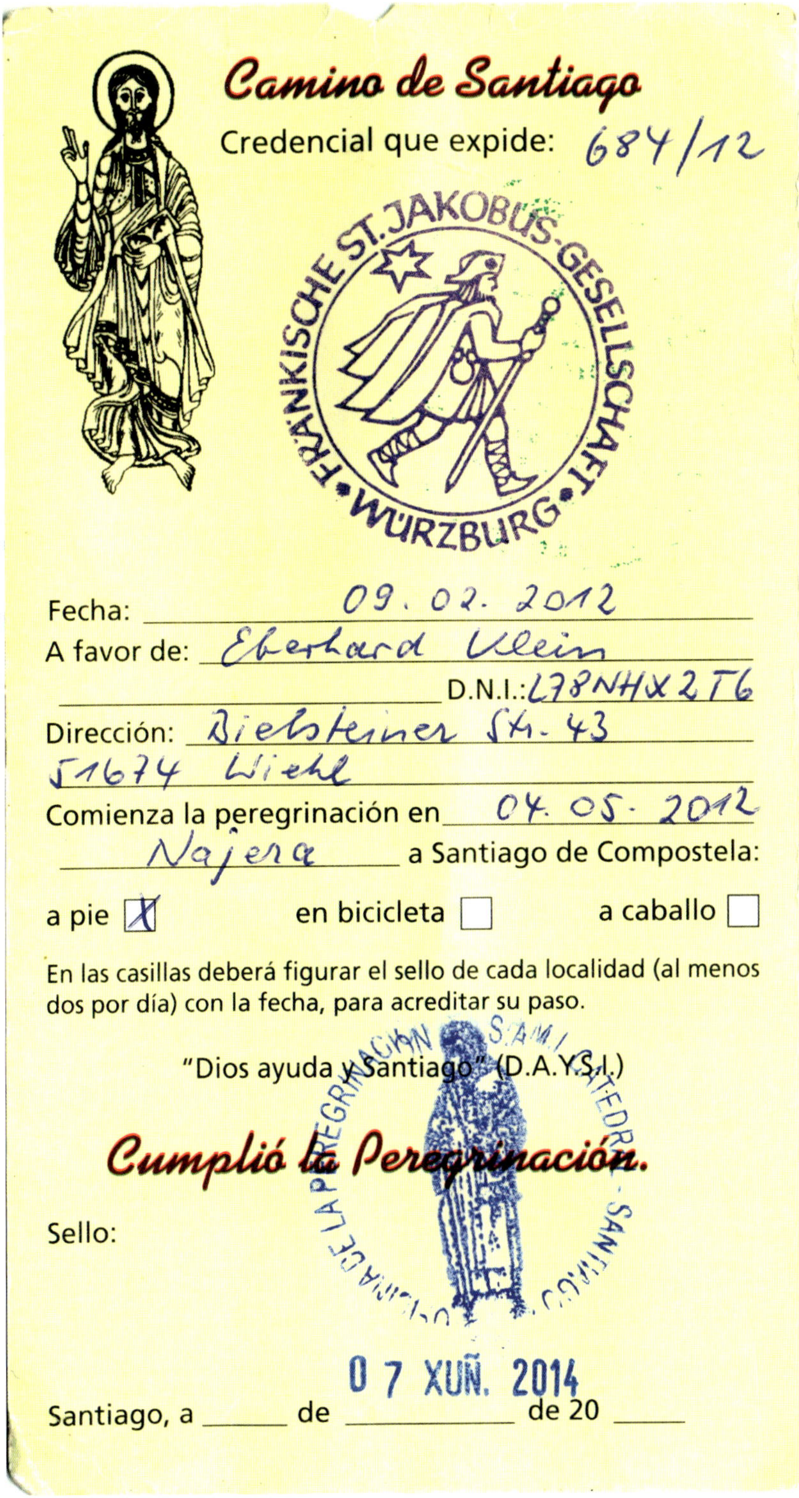

Camino de Santiago

Credencial que expide: 684/12

FRÄNKISCHE ST. JAKOBUS-GESELLSCHAFT • WÜRZBURG •

Fecha: 09. 02. 2012

A favor de: Eberhard Klein

D.N.I.: L78NHX2T6

Dirección: Bielsteiner Str. 43

51674 Wiehl

Comienza la peregrinación en 04. 05. 2012

Najera a Santiago de Compostela:

a pie [X] en bicicleta [ ] a caballo [ ]

En las casillas deberá figurar el sello de cada localidad (al menos dos por día) con la fecha, para acreditar su paso.

"Dios ayuda y Santiago" (D.A.Y.S.I.)

Cumplió la Peregrinación.

Sello:

PEREGRINACIÓN S.A.M.I. CATEDRAL - SANTIAGO

0 7 XUÑ. 2014

Santiago, a ______ de ____________ de 20 _____

Danke...

... an meinen jungen Freund Paul,
ohne ihn wäre der Weg nicht so unterhaltsam gewesen.

... an meine Lieben: Martina, Nadine, Jasmin, Nicole und Niko
für ihre redaktionelle Unterstützung.

... an Teresa Santamaria aus Waiblingen (www.reiseleiterin-spanien.de),
die mir durch ihre Tätigkeit als Reiseführerin alle Texte zum Thema „Sehenswürdigkeiten und Wissenswertes auf dem Weg" lieferte und mir damit eine große Hilfe war.

... an Dieter Lange, der noch einmal kritisch Korrektur gelesen hat.

... an die Firma Welpdruck GmbH für Layout und Produktion.

Euer E. K.

Impressum

Auflage: 1.100 Exemplare
Bilder: Eberhard Klein, Michael Welp
Layout: Tanja Beigel
Produktion: Welpdruck GmbH, Dorfstraße 30, 51674 Wiehl

ISBN 978-3-00-051422-7

Wiehl, Dezember 2015